Copyright 2025 *Chanyanij Danwongsa*

Handbuch zur Prüfungsvorbereitung Goethe- Zertifikat A2 & telc Deutsch A2 (START DEUTSCH 2) (Schreiben und Sprechen) + Grundlegende deutsche Grammatik (Deutsch -Thai Version)

หนังสือคู่มือ เพื่อเตรียมตัวสอบ **Goethe-Zertifikat A2** และ **Zertifikat telc Deutsch A2**

(การเขียน และการพูด)เพิ่มเติมเนื้อหา**ไวยากรณ์พื้นฐานภาษาเยอรมัน Grundlegende deutsche Grammatik**

Impressum

AF280741

© 2025 Chanyanij Danwongsa

Verlag: BoD · Books on Demand GmbH,
Überseering 33, 22297 Hamburg, bod@bod.de

Druck: Libri Plureos GmbH,
Friedensallee 273,
22763 Hamburg

ISBN: 978-3-8192-6548-8

Inhalt สารบัญ

Qeulle: แหล่งที่มา: Prüfungsvorbereitung Goethe Institut

https://www.goethe.de/pro/relaunch/prf/materialien/A2/A2_Modellsatz_Erwachsene.pdf

Testformat (รูปแบบข้อสอบ) Goethe- Zertifikat A2 (Erwachsene)

1. Lesen การอ่าน รวม (30 นาที) จำนวน 20 ข้อ

Teil 1. Mehrfachauswahl (3-gliedrig)

ส่วนที่ 1. ข้อสอบแบบเลือกตอบ มี **ข้อสอบมีจำนวน 5 ข้อ (ข้อ 1-5)**

ข้อสอบตัวเลือกจะมี ตัวเลือก 3 ตัว คือ a, b, c และให้เลือกตอบ 1 ข้อ)

Teil 2. Mehrfachauswahl (3-gliedrig)

ส่วนที่ 2. ข้อสอบแบบเลือกตอบ มี **ข้อสอบมีจำนวน 5 ข้อ (ข้อ 6-10)**

ข้อสอบตัวเลือกจะมี ตัวเลือก 3 ตัว คือ a, b, c และให้เลือกตอบ 1 ข้อ)

Teil 3. Mehrfachauswahl (3-gliedrig)

ส่วนที่ 3. ข้อสอบแบบเลือกตอบ มี **ข้อสอบมีจำนวน 5 ข้อ (ข้อ 11-15)**

ข้อสอบตัวเลือกจะมี ตัวเลือก 3 ตัว คือ a, b, c และให้เลือกตอบ 1 ข้อ)

Teil 4. Zuordnungsaufgaben (เป็นจัดหมวดหมู่ จับคู่ประโยคที่โจทย์กำหนด

ให้เข้ากับ ป้าย ประกาศที่มีให้ **ข้อสอบมีจำนวน 5 ข้อ) (ข้อ 11-15)**

2. Hören การฟัง 30 นาที จำนวน 20 ข้อ

Teil 1. Mehrfachauswahl (3-gliedrig) (ส่วนที่ 1. ข้อสอบแบบเลือกตอบ **ข้อสอบมีจำนวน 5 ข้อ)** **(ข้อ 1-5)**

Teil 2. Zuordnungsaufgaben (ส่วนที่ 2. เป็นจัดหมวดหมู่ Bild/ Text) **ข้อสอบมีจำนวน 5 ข้อ)** **(ข้อ 6-10)**

Teil 3. Mehrfachauswahl (3-gliedrig) (ส่วนที่ 3. ข้อสอบแบบเลือกตอบ Bild / Text

ข้อสอบมีจำนวน 5 ข้อ) (ข้อ 11-15)

Teil 4. Richtig/Falsch **ข้อสอบมีจำนวน 5 ข้อ) (ข้อ 16-20)**

3. Schreiben ข้อสอบเขียน **Brief Schreiben** เขียน **Teil 1-2** (รวมใช้เวลา ประมาณ 30 นาที)

Teil 1. **Nachricht** ประมาณ **20-30** คำในเวลา **10** นาที

Teil 2. **Halb offizielle** เขียนจดหมาย/ **E-Mail** ประมาณ **30-40** คำในเวลา **20** นาที

4. Mündliche Prüfung / Sprechen ส่วนการพูด (ใช้เวลา ประมาณ 15 นาที)   ใช้เวลา ประมาณ ส่วนละ2-3 นาที

 Teil 1 Kennenlernen (**ตอนที่ 1: ทำความรู้จักกัน**) (fragen und antworten: ถามและ ตอบ)

(คุณ**ถามคำถาม**เกี่ยวกับตัวบุคคล กับคู่ของคุณ และ**ตอบคำถามคู่ของเรา** ถ้าเค้าถามคำถาม

Teil 2 Sie erzählen etwas über sich und Ihr Leben. (จะมีใบงาน ให้ดู พร้อมรูปภาพ)

(Aufgabenblatt mit 4 Leipunkten)

Teil 3 Gemeinsam etwas planen (Aufgabenblatt mit 4 Leipunkten)

(วางแผนอะไรบางอย่างร่วมกัน กับเพื่อนอีกคน มีใบงานให้อ่าน และ หัวข้อที่จะต้องพูดถึงในการวางแผน)

ผลสอบ

คะแนนเต็ม 100 คะแนน (การอ่าน 25 คะแนน, การฟัง 25 คะแนน, การเขียน 25 คะแนน และการพูด 25 คะแนน) เราจะต้องทำคะแนนได้อย่างน้อย **(60%)** หรือ **60 คะแนนจาก 100 คะแนน** ซึ่ง คะแนน **ส่วนที่ 1** (อ่าน ฟัง เขียน จะคิดรวมกัน เป็น 75 คะแนน และเราจะต้องทำคะแนนได้อย่างน้อย **(60%)** หรือ **45 คะแนน)** **ส่วนที่ 2** ส่วนการพูด คะแนนเต็ม 25 คะแนน และเราจะต้องทำคะแนนได้อย่างน้อย **(60%)** หรือ **15 คะแนน**

   *** จะต้องผ่าน 60% ทั้ง ส่วนที่ 1 (อ่าน ฟัง เขียน) + ส่วนที่ 2 การพูด ***

*** ต้องซื่อสัตย์ต่อตนเอง และผู้อื่น และเคารพ กฎกติกา ในห้องสอบ การทำข้อสอบ ห้ามทุจริตในการสอบ ห้ามใช้อุปกรณ์ช่วยเหลือใดๆทั้งสิ้น อย่างเช่น มือถือ พจนานุกรม ต่างๆ***

   ดูวีดีโอการสอนของครูปู ที่อธิบายเพิ่มเติมได้นะคะ สแกน QR โค้ดเพื่อชมวีดีโอได้เลยค่ะ

Brief Schreiben การเขียนจดหมาย

ดูวีดีโอการสอนของครูปู ที่อธิบายเพิ่มเติมได้นะคะ สแกน QR โค้ดเพื่อชมวีดีโอได้เลยค่ะ

โครงสร้างสำคัญในการเขียนจดหมาย   A2-B1

หากโจทย์กำหนดให้<u>เขียน E-Mail</u> เราจะต้องกำหนด อีเมล์ ของผู้รับ และผู้ส่ง (เรา) ขึ้นมา ก่อนที่จะเขียนวันที่

1.Ort und Datum สถานที่/ชื่อเมือง และวันที่ (เขียนไว้ มุมบนขวามือ เช่น Plettenberg, 09.09.2021)

2.Betreff: ชื่อเรื่อง / หัวข้อ

ถ้าเป็นจดหมายแบบทางการ และส่งถึง บริษัท หรือหน่วยงาน จะต้องมี **Betreff:** ชื่อเรื่อง

Betreff: Bestellnummer: 01234 (ถ้าสั่งซื้อของแล้วมีปัญหา)

Betreff: Kundennummer: 01234 (สำหรับแจ้งเรื่องทั่วๆไป)

Betreff: Beschwerde über ...(สำหรับแจ้งร้องเรียน)   **Betreff:** Bewerbung als .... (สำหรับสมัครงาน)

(ในการเขียนจดหมาย หรือ อีเมล์ ระดับ **A2** ไม่ต้องเขียน ชื่อเรื่องหรือหัวข้อ นะคะ)

3. Anrede ขึ้นต้นจดหมาย

3.1.1. Sehr geehrter Herr Will,

(เขียนถึงผู้ชาย   Herr..... แบบเป็นทางการ เวลาเรียก จะต้องเรียกคนที่เราเขียนถึงว่า Sie ไม่ใช่ Du)

3.1.2. Sehr geehrte Frau Deren,

(เขียนถึงผู้หญิง   Frau......แบบเป็นทางการ เวลาเรียก จะต้องเรียกคนที่เราเขียนถึงว่า Sie ไม่ใช่ Du)

3.1.2.1. Liebe Frau Deren, / Lieber Herr Bauer,

(เขียนถึงคนรู้จักที่เราสนิท แต่เราเรียกเค้าว่า Sie คือ ชื่อมี Herr หรือ Frau นำหน้า)

3.1.3. Sehr geehrte Damen und Herren,

(เขียนถึง บริษัท หน่วยงานต่างๆ ผู้ดูแลบ้านเช่า ที่ในโจทย์ ไม่กำหนดชื่อมาให้)

3.2.1 Lieber Daniel,

(เขียนถึงผู้ชายแบบไม่เป็นทางการ (ใช้กับคนที่ เรารู้จัก ในโจทย์ เขียนชื่อ มาให้ เฉยๆ ไม่มีคำว่า Herr จะต้องเรียกคนที่เราพูดถึงว่า **Du** ไม่ใช่ **Sie**).

3.2.2 Liebe Jasmin,

(เขียนถึงผู้หญิง แบบไม่เป็นทางการ (ใช้กับคนที่ เรารู้จัก ในโจทย์ เขียนชื่อ มาให้ เฉยๆ ไม่มีคำว่า Frau จะต้องเรียกคนที่เราเขียนถึงว่า **Du** ไม่ใช่ **Sie**).

3.2.2 Liebe Jasmin und lieber Daniel,

(เขียนถึงเขียนถึง คนที่เราสนิท 2 คน(ใช้กับคนที่ เรารู้จัก เขียนถึง คนที่เราสนิท 2 คน ในโจทย์ เขียนชื่อ มาให้ เฉยๆ ไม่มีคำว่า Frau จะต้องเรียกคนเขียนถึง คนที่เราสนิท 2 คนที่เราเขียนถึงว่า **ihr / Ihr** ไม่ใช่ **Sie**).

4. Einleitung เกริ่นนำ / Grund für Ihr Schreiben. เหตุผลที่เขียน

ich hoffe es geht **dir** gut und vielen Dank für **deinen** Brief mit der Einladung.

(เรียกคนที่เราเขียนถึงว่า **Du** ไม่ใช่ **Sie**).

Ich hoffe es geht **Ihnen** gut und vielen Dank für **Ihren Brief** mit der Einladung.

(เรียกคนที่เราเขียนถึงว่า **Sie** ไม่ใช่ **Du**)

4.1 ich schreibe Ihnen diesen Brief, weil ich schon lange nach einer größeren Wohnung suche.

(ฉันเขียนจดหมายฉบับนี้ถึงคุณเพราะฉันกำลังมองหาอพาร์ทเมนต์ขนาดใหญ่มาเป็นเวลานาน)

4.2. ich schreibe Ihnen diese E-Mail, weil ich mich für Ihre Kleidung interessiere.

(ฉันเขียนอีเมลนี้ถึงคุณเพราะฉันสนใจเสื้อผ้าของคุณ)

4.3.ich schreibe Ihnen diesen Brief, weil es in meiner Wohnung ein Problem mit der Heizung gibt.

(ฉันเขียนจดหมายฉบับนี้ถึงคุณเพราะในอพาร์ตเมนต์ของฉันมีปัญหาเกี่ยวกับเครื่องทำความร้อน)

4.4. ich schreibe Ihnen diesen Brief, weil ich mich entschuldigen möchte.

(ฉันเขียนจดหมายฉบับนี้ถึงคุณเพราะฉันอยากจะขอโทษ)

4.1. Hauptsätze ประโยคหลัก

4.1.1. Könnten Sie mir bitte helfen, die Reservierung zu ändern? (คุณช่วยเปลี่ยนแปลงการจองให้ฉันได้มั้ย)

4.1.2Könnten Sie mir bitte einen neuen Termin geben? (คุณช่วยนัดตารางใหม่ได้มั้ย)

4.1.3. Wenn es möglich ist, möchte ich mit Ihnen persönlich sprechen.

(ถ้าเป็นไปได้ฉันอยากคุยกับคุณเป็นการส่วนตัว)

4.1.3. Wenn es möglich ist, möchte ich dich am Samstag um 13 Uhr im Einkaufzentrum treffen.

(ถ้าเป็นไปได้ฉันอยากพบเธอวันเสาร์ ที่ ช้อปปิ้งเซ็นเตอร์ เวลา 13 นาฬิกา)

Preis? ราคา

Außerdem habe ich einige Fragen an Sie. ฉันยังมีคำถามสองสาม ที่จะถามคุณ

Wie viel kostet der Deutschkurs? คอร์สเรียนภาษาราคาเท่าไหร่

Wie viel kostet das Auto? รถยนต์ราคาเท่าไหร่

Wie viel kostet der Kinderwagen? รถเข็นเด็กราคาเท่าไหร่

* ถามราคาห้องพัก die Wohnung

Wie hoch sind die Nebenkosten pro Monat?

ราคาค่าเช่า รวม ค่าน้ำค่าไฟ ต่อเดือน เท่าไหร่

Einkommen oder Bezahlung? รายได้, ต้องจ่ายเท่าไหร่

Wie sind Ihre Einkommensvorstellungen?   คุณต้องการเงินเดือนเท่าไหร่

Ich kann Ihnen ca. 10 Euro pro Stunde bezahlen.   (ฉันสามารถจ่ายเงินให้คุณประมาณ 10 ยูโรต่อชั่วโมง)

Fragen zur Wohnung. ถามเกี่ยวกับห้องพัก

-In welchem Zustand ist Ihre Wohnung?   สภาพห้องพักเป็นอย่างไร

Wie viel Quadratmeter (qm)hat sie?   ขนาดห้องกี่ ตารางเมตร

หรือ Wie viel Quadratmeter hat die Wohnung?

und wie hoch sind die Nebenkosten pro Monat?   ราคาค่าเช่าห้อง รวมค่าน้ำค่าไฟ เท่าไหร่ต่อเดือน

Der Zustand des Autos สภาพ รถยนต์

- In welchem Zustand ist Ihr Auto und wie lange hat es noch TÜV?

(สภาพรถยนต์ของคุณเป็นยังไง และอีกนานแค่ไหน ที่รถยนต์จะต้องเข้าศูนย์ตรวจสภาพ)

7.3 Fragen an die Kleidung? ถามคำถามเกี่ยวกับเสื้อผ้า

Wie ist die Größe und in welchem Zustand ist Ihre Kleidung? (ขนาดชุดเท่าไหร่ และสภาพชุด (เก่า หรือ ใหม่)-

Termin ตารางนัด

Könnten Sie mir bitte einen Termin geben?   (ช่วยนัดวันให้ได้ไหม)

Termin für Reparatur. ตารางนัดเพื่อซ่อม

Könnten Sie mir bitte einen Termin für die Reparatur geben? (ช่วยแจ้งตารางนัดเพื่อซ่อมได้ไหม)

Könnten Sie mir bitte einen Termin zur Besichtigung geben? (ช่วยแจ้งตารางนัดเพื่อดูห้องมได้ไหม)

Bitte um Wegbeschreibung. ขอให้อธิบายการเดินทางไปบ้าน

Könnten Sie mir bitte sagen, wie ich am besten zu Ihnen kommen kann? Könnten Sie mir bitte den

Weg zu Ihrem Haus beschreiben?

(คุณช่วยอธิบายทางไปบ้านคุณได้ไหม)

Wie Sie erreichen sind. จะติดต่อคุณได้อย่างไร (ทางโทรศัพท์ หรือ อีเมล์ ก็ได้)

Sie können mich unter Telefonnummer 01234567 oder per E-Mail chanya@hotmail.com erreichen.

คุณสามารถติดต่อฉันได้ที่เบอร์นี้

ตอบกลับ ที่เชิญ

Melden Sie sich bitte bis zum 23. Januar, ob Sie kommen können

(กรุณาตอบกลับ ภายในวันที่ 23 มกราคม ถ้าคุณมาร่วมงานได้)

Ich hoffe, dass Sie umgehend auf meinen Brief reagieren, und ich warte auf Ihre baldige Antwort.

ฉันหวังว่า, คุณจะมีปฏิกิริยาตอบกลับโดยเร็ว

Bitte melden Sie sich umgehend. โปรดติดต่อกลับด่วน

Ich freue mich auf Ihre Antwort und bedanke mich im Voraus.

(ฉันรอคำตอบจากคุณและขอบคุณที่จะตอบให้โดยด่วน เลือกเขียนเพียงประโยคเดียว)

5. der Schlusssatz / der Schluss-Satz ประโยคลงท้าย จดหมาย

Ich warte auf <u>Ihre</u> Antwort und bedanke mich im Voraus. (เรียกคนที่เราเขียนถึงว่า **Sie** ไม่ใช่ **Du**)

Ich warte auf <u>deine</u> Antwort und bedanke mich im Voraus. (เรียกคนที่เราเขียนถึงว่า **Du** ไม่ใช่ **Sie**)

6. der Nachsatz / Nachsätze คำลงท้าย จดหมาย Der Gruß / die Grüße ทักทาย

6.1 แบบเป็นทางการ และกึ่งทางการ (ใช้กับคนที่เราไม่รู้จัก) มีคำว่า Frau หรือ Herr นำหน้า คือ เป็นชื่อเรียก เรียกคนที่เราพูดถึงว่า **Sie** ไม่ใช่ **Du**

Mit freundlichen Grüßen หรือ **Mit freundlichem Gruß** (เลือกเขียนตัวใดตัวหนึ่ง)

6.2 แบบไม่เป็นทางการ (ใช้กับคนที่ เรารู้จัก) ไม่มีคำว่า Frau หรือ Herr นำหน้า คือ เป็นชื่อเรียก จะต้องเรียกคนที่เราพูดถึงว่า **Du** ไม่ใช่ **Sie**

Herzliche Grüße หรือ **Liebe Grüße** หรือ **Viele Grüße** (เลือกเขียนตัวใดตัวหนึ่ง)

******5 wichtige Sätze auf Deutsch (5 ประโยคที่สำคัญ ที่สามารถนำมาใช้ในการเขียนจดหมาย)******

1.Grund für Ihr Schreiben. เหตุผลที่เขียน สามารถเขียนได้สองแบบ

1.1.ทบทวนโจทย์ โดยเปลี่ยน Sie ใหญ่เป็น ich และเปลี่ยน Ihr ใหญ่ เป็น mein , Ihrem เป็น meinem, Ihrenเป็น meinen พอทบทวนโจทย์ หมด ก็ เพิ่มประโยคว่า

Aus diesem Grund schreibe ich Ihnen diesen Brief. (ด้วยเหตุนี้ ฉันจึงเขียนจดหมายฉบับนี้ถึงคุณ)

Aus diesem Grund schreibe ich Ihnen diese E-Mail. (ด้วยเหตุนี้ ฉันจึงเขียนอีเมล์ฉบับนี้ถึงคุณ)

1.2.วิธีไม่ทบทวนโจทย์แต่บอกเหตุผลตรงๆไปเลย ว่าทำไมเราจึงเขียน

ich schreibe Ihnen diesen Brief, weil ich......ฉันเขียนจดหมายฉบับนี้ถึงคุณเพราะว่าฉัน............

1.2.1. ich schreibe Ihnen diesen Brief, weil ich eine Tagesmutter für meine Kinder suche.

(ฉันเขียนจดหมายฉบับนี้ถึงคุณเพราะฉันกำลังมองหาพี่เลี้ยงเด็ก)

2. Wenn es möglich ist, möchte ich......(ถ้าเป็นไปได้ฉันต้องการจะ...)

ให้เขียนประโยคนี้เสมอ ก่อนที่เราจะบอกว่า ต้องการอะไร

Wenn es möglich ist, möchte ich das Auto anschauen und ich möchte es auch Probe fahren (ลองขับ).

(ถ้าเป็นไปได้,ฉันอยากเห็นรถ และฉันอยากลองขับ)

3. Außerdem habe ich einige Fragen an Sie. (นอกจากนั้นฉันยังมีคำถามที่จะถามคุณ)

ประโยคนี้ให้เขียนไว้ก่อน ที่จะถามคำถาม อื่นๆ **ยกตัวอย่างคำถามเกี่ยวกับสมัครคอร์เรียน**

Außerdem habe ich einige Fragen an Sie. (นอกจากนี้ฉันมีคำถาม 2-3 คำถามสำหรับคุณ)

Wie viel kostet der Gymnastikkurs หรือ Sportkurs? (ราคาค่าเรียนคอร์สเท่าไหร่?)

Wann fängt der Kurs an? (หลักสูตรเริ่มเรียนเมื่อไหร่?) Wie sind die Kurszeiten? (ระยะเวลาเรียนคือช่วงเวลาเวลาไหน)

4. Könnten Sie mir bitte helfen, dieses Problem zu lösen. (คุณกรุณาช่วยฉันในการที่จะแก้ไขปัญหานี้ได้หรือไม่)

ประโยคนี้ให้เขียน เพิ่มไว้ในจดหมายทุกฉบับ ที่เราเกิดปัญหาอะไรสักอย่าง ไม่ว่าจะของพัง, สั่งของแล้วของไม่มา, มีปัญหากับเพื่อนบ้าน หรือร้องเรียน คือมีปัญหาเกิดขึ้น แล้วเราขอให้ช่วยแก้ไขปัญหา

5.Sie können mich unter der Telefonnummer 0123456789 oder per E-Mail chanya1234@hotmail.com erreichen. (คุณติดต่อฉันได้โดยเบอร์โทรหรือ อีเมล์นี้)

5.1. Ich warte auf Ihre Antwort und bedanke mich im Voraus. (ฉันรอคำตอบจากคุณและขอบคุณที่จะตอบให้โดยด่วน)

*** ประโยค **5.** และ **5.1.**ใช้เขียนในจดหมายทุกฉบับ ก่อนจะจบจดหมายค่ะ เพราะเป็นการเพิ่มจำนวนคำและคะแนน ***

Schreiben ข้อสอบเขียน

Teil 1-2 (แบ่งออกเป็น 2 ส่วน) (รวมใช้เวลาในการเขียนจดหมายทั้ง 2 ฉบับ ในเวลา 30 นาที)

เขียนให้ชัดเจน ให้เขียนด้วยปากกา <u>ลงในกระดาษคำตอบ</u> Antwortbogen

(ห้ามเขียนด้วยดินสอ   nicht mit Breistift)

Teil 1. Nachricht (ส่วนที่ 1 เขียนข้อความ ประมาณ 20-30 คำ)

Beispiel1:

Sie sind unterwegs in Ihrer Stadt.   (คุณกำลังเดินทาง ในเมืองของคุณ

Schreiben Sie Ihrem Freund Timm eine SMS. (เขียนข้อความถึง Timm เพื่อน(ผู้ชาย) ของคุณ)

Entschuldigen Sie für die Verspätung   ขอโทษที่มาช้า

Warum spät?   ทำไมถึงช้า

Sie sollten einen neuen Ort und eine neue Uhrzeit für Ihr Treffen mit Timm.

(นัดพบสถานที่ใหม่ และเวลาใหม่)

Schreiben Sie 20-30 Wörter   (เขียน 20-30 คำ)

Schreiben Sie zu allen drei Punkten. (เขียน ให้ครบทั้ง 3 หัวข้อ)

Lieber Timm,

ich möchte mich entschuldigen. ฉันต้องการขอโทษ

Ich bin ein bisschen spät, denn ich musste meine Katze zum Tierarzt bringen.

(ฉันมาช้า,   เพราะว่าฉันต้องพาแมวของฉันไปหาสัตวแพทย์)

Wenn es dir möglich, könnten wir uns um 14 Uhr vor der Stadtbibliothek treffen.

(ถ้าเธอสะดวก, เราสามารถ พบกัน เวลา 14 นาฬิกา (บ่าย สองโมง) หน้า ห้องสมุด

<u>**Schreibe mir bitte eine Antwort.**</u>   (ช่วยเขียนตอบฉันด้วยนะ)

Liebe Grüße

Chanya

Beispiel 2:

Sie sind unterwegs in Ihrer Stadt.

(คุณกำลังเดินทาง ในเมืองของคุณ

Schreiben Sie Ihrer Freundin Leni eine SMS.

(เขียนข้อความ ถึง Leni เพื่อน (ผู้หญิง) ของคุณ)

Entschuldigen Sie für die Verspätung   ขอโทษที่มาช้า

Warum spät?   ทำไมถึงช้า

Schlagen Sie einen neuen Ort und eine neue Uhrzeit für Ihr Treffen mit Timm vor.   (นัดพบสถานที่ใหม่ และเวลาใหม่)

Schreiben Sie 20-30 Wörter   (เขียน 20-30 คำ)

Schreiben Sie zu allen drei Punkten. (เขียน ให้ครบทั้ง 3 หัวข้อ)

Liebe Leni ,

ich möchte mich entschuldigen. ฉันต้องการขอโทษ

Ich bin ein bisschen spät, denn Meine Mutter hat Durchfall und ich musste sie zum Arzt bringen.

(ฉันมาช้า, เพราะว่า คุณแม่ของฉันท้องเสีย และฉันต้องพาท่านไปหาหมอ)

Wenn es dir möglich, sollten wir uns um 13 Uhr im Einkaufzentrum treffen.

(ถ้าเธอสะดวก, เราควรจะมาพบกันที่ ห้างสรรพสินค้า เวลา 13.00 น.)

Schreibe mir bitte eine Antwort.   (ช่วยเขียนตอบฉันด้วยนะ)

Liebe Grüße

Chanya

Beispiel 3:

Sie sind umgezogen und wohnen jetzt in einer neuen Wohnung.

(คุณเพิ่งย้าย ไปอยู่อพาร์ทเม้นท์แห่งใหม่ และขณะนี้อาศัยอยู่ในอพาร์ตเมนต์ใหม่)

Schreiben Sie Ihrer Freundin Leni eine SMS.

(เขียนข้อความ ถึง Leni เพื่อน (ผู้หญิง) ของคุณ)

Informieren Sie sie, wo wohnen Sie im Moment

 (แจ้งว่า คุณพักอยู่ที่ไหน ตอนนี้)

Was Ihnen dort gefällt.　　　　ที่นั่น (ที่ที่คุณอยู่) มีอะไรบ้างที่คุณชอบใจ

Laden Sie Ihre Freundin ein.　　　เชิญเพื่อนของคุณมาเยี่ยม

Schreiben Sie 20-30 Wörter　　　(เขียน 20-30 คำ)

Schreiben Sie zu allen drei Punkten. (เขียน ให้ครบทั้ง 3 หัวข้อ)

Liebe Leni ,

ich hoffe, es geht dir gut.　　　(ฉันหวังว่า คุณคงสบายดี)

Jetzt wohne ich einer neuen Wohnung in der Blumenstraße 9 in Phaya Thai, Bangkok.

(ตอนนี้ฉันอาศัยในอพาร์ตเมนต์ใหม่ อยู่ที่ (ถนน) Blumenstraße พญาไท กรุงเทพมหานคร)

Die Nachbarn gefallen mir sehr. Sie sind sehr nett und freundlich.

(ฉันชอบเพื่อนบ้านมาก พวกเขาน่ารัก/ ใจดี และเป็นมิตรมากๆ)

Wenn es dir möglich, möchte ich dich am nächsten Samstag zu mir einladen.

 (ถ้าเธอสะดวก, วันเสาร์หน้า ฉันอยากจะเชิญ เธอมาหาฉัน)

Schreibe mir bitte eine Antwort.　　　(เขียนตอบฉันด้วยนะ)

Liebe Grüße

Chanya

Beispiel 4:

Sie sind sind neu in einem Deutschkurs.

(คุณเพิ่งเข้าเรียน เป็นนักเรียนใหม่ ในคอร์สเรียนภาษาเยอรมัน)

Schreiben Sie Ihrem Freund Timm eine SMS.   (เขียนข้อความถึง Timm เพื่อน(ผู้ชาย) ของคุณ)

Informieren Sie ihn, wo lernen Sie Deutsch im Moment

(แจ้งว่า คุณเรียนภาษาเยอรมันอยู่ที่ไหน ตอนนี้)

Was Ihnen dort gefällt.   ที่นั่น (ที่ที่คุณเรียน) มีอะไรบ้างที่คุณชอบใจ.

Schlagen Sie einen Termin für Ihr Treffen mit Timm vor.

(เสนอแนะ ตารางนัดพบกันกับ Timm)

Schreiben Sie 20-30 Wörter   (เขียน 20-30 คำ)

Schreiben Sie zu allen drei Punkten. (เขียน ให้ครบทั้ง 3 หัวข้อ)

Lieber Timm,

ich hoffe, es geht dir gut.   (ฉันหวังว่า คุณคงสบายดี)

Im Moment lerne ich Deutsch in einer Sprachschule ABC in Bangkok.

(ตอนนี้ฉันเรียนภาษาเยอรมันที่โรงเรียนสอนภาษา ABC ในกรุงเทพ)

Die Teilnehmer und die Lehrerin (Frau Ewa) gefallen mir sehr.

(ฉันชอบเพื่อนร่วมชั้นเรียนคุณครู ผู้หญิง Frau Ewa มาก)

Sie sind sehr nett und freundlich.   (พวกเขาน่ารัก/ ใจดี และเป็นมิตรมากๆ)

Wenn es dir möglich, möchte ich dich am nächsten Samstag um 13 Uhr im Einkaufzentrum treffen.

(ถ้าเธอสะดวก, เราควรจะมาพบกันวันเสาร์หน้าที่ ห้างสรรพสินค้า เวลา 13.00 น.)

Schreibe mir bitte eine Antwort.   (เขียนตอบฉันด้วยนะ)

Liebe Grüße

Chanya

Beispiel 5:

Sie sind neu in einem Arbeitsplatz.

(คุณเพิ่งทำงาน คุณเป็นคนใหม่ในที่ทำงาน)

Schreiben Sie Ihrer Freundin Leni eine SMS. (เขียนข้อความ ถึง Timm เพื่อน(ผู้ชาย) ของคุณ)

Informieren Sie ihn, wo arbeiten Sie im Moment

(แจ้งว่า คุณทำงานอยู่ที่ไหน ตอนนี้)

Was Ihnen dort gefällt.   ที่นั่น (ที่คุณทำงาน) มีอะไรบ้างที่คุณชอบใจ

Schlagen Sie einen Termin für Ihr Treffen mit Timm vor.

(เสนอแนะ ตารางนัดพบกันกับ Timm)

Schreiben Sie 20-30 Wörter   **(เขียน 20-30 คำ)**

Schreiben Sie zu allen drei Punkten. **(เขียน ให้ครบทั้ง 3 หัวข้อ)**

Lieber Timm,

ich hoffe, es geht dir gut.   (ฉันหวังว่า คุณคงสบายดี)

Im Moment arbeite ich in einer neuen Firma in Bangkok.

(ตอนนี้ฉันกำลังทำงานในบริษัทใหม่ที่กรุงเทพฯ)

Meine Chefin und Kollegen gefallen mir sehr.

(ฉันชอบ<u>หัวหน้า (ผู้หญิง) และเพื่อนร่วมงานของฉัน</u> มาก)

Sie sind sehr nett und freundlich.   (พวกเขาน่ารัก/ ใจดี และเป็นมิตรมากๆ)

Wenn es dir möglich, möchte ich dich am nächsten Samstag um 13 Uhr <u>im Sushi-Restaurant</u> ABC treffen.

(ถ้าเธอสะดวก, เราควรจะมาพบกันวันเสาร์หน้าที่ <u>ร้านซูชิ ABC</u> เวลา 13.00 น.)

Schreibe mir bitte eine Antwort.   (เขียนตอบฉันด้วยนะ)

Liebe Grüße

Chanya

Beispiel 6: (Jugendliche)

Du bist umgezogen, denn deine Eltern haben ein neues Haus gekauft.

(คุณเพิ่งย้ายบ้านใหม่,   เพราะว่า พ่อแม่ของคุณ ได้ซื้อบ้านใหม่)

Schreibe deiner Freundin Leni. (เขียนถึง Leni เพื่อน (ผู้หญิง) ของคุณ)

Informiere sie, wo wohnst du im Moment   แจ้ง /บอก ว่าตอนนี้คุณพักอยู่ที่ไหน

Beschreiben dein neues Schlafzimmer   อธิบายถึงห้องนอนใหม่ของคุณ

Lade Leni zu dir ein.   ชวน Leni มาหาคุณ

Schreiben Sie 20-30 Wörter   (เขียน 20-30 คำ)

Schreiben Sie zu allen drei Punkten. (เขียน ให้ครบทั้ง 3 หัวข้อ)

Liebe Leni,

ich hoffe, es geht dir gut.   (ฉันหวังว่า คุณคงสบายดี)

Ich bin letzte Woche umgezogen und wohne im Moment in der Blumenstraße 9 in Phaya Thai, Bangkok.

(เมื่อสัปดาห์ที่ผ่านมาฉันย้ายบ้าน และ ตอนนี้ฉันอาศัยอยู่ที่ ถนน **Blumenstraße** บ้านเลขที่ 9ในเขตพญาไท ในกรุงเทพฯ)

Mein neues Schlafzimmer ist sehr groß und die Wandfarbe ist Lila mit Blumen.

(ห้องนอนใหม่ ของฉันใหญ่มาก และมีผนังสีม่วง ลายดอกไม้)

Wenn es dir möglich, möchte ich dich am nächsten Samstag zu mir nach Hause einladen.
(ถ้าเธอสะดวก, ฉันอยากชวนเธอมาหาฉัน วันเสาร์หน้า)

Schreibe mir bitte eine Antwort.   (เขียนตอบฉันด้วยนะ)

Rufe mich bitte an.   (โทรหาฉันด้วยนะ)

Liebe Grüße

Chanya

Teil 2. **Halb offizielle** เขียนจดหมาย หรือ อีเมล์ / E-Mail

(แบบกึ่งทางการ (ประมาณ 30-40 คำ)

Beispiel1:

Ihre Chefin **Frau Liebe** hat bald Geburtstag. Sie hat Ihnen eine Einladung zu ihrer Geburtstagsparty geschickt.

(หัวหน้า(ผู้หญิง) ของคุณ มีวันเกิด เร็วๆนี้ หล่อนได้เชิญคุณมางานวันเกิด)

Schreiben Sie **Frau Liebe** eine E-Mail. (เขียน E-Mail ถึง **Frau Liebe**)

-**Bedanken Sie sich.** ขอบคุณ (ที่เชิญ)

- **Sagen Sie, dass Sie kommen können.** บอกว่าคุณจะมาร่วมงาน

- **Fragen Sie nach dem Weg** ถามทางไปบ้าน

Schreiben Sie 30-40 Wörter (เขียน 30-40 คำ)

Schreiben Sie zu allen drei Punkten. (เขียน ให้ครบทั้ง 3 หัวข้อ)

An: liebe@hotmail.com

Von: chanya@hotmail.com

Bangkok, 12.12.2021

Sehr geehrte Frau Liebe,

ich hoffe, es geht Ihnen gut und **ich bedanke mich für die Einladung zur Geburtstagsfeier.**
(ฉันหวังว่าคุณสบายดี และฉันขอขอบคุณที่คุณเชิญฉันมา ร่วมฉลองงานวันเกิดของคุณ)

Ich werde gerne zu Ihrer Feier. (ฉันยินดีจะมาร่วมงานวันเกิดของคุณ)

Könnten Sie mir bitte den Weg zu Ihrem Haus beschreiben? (คุณช่วยอธิบายทางไปบ้านคุณได้ไหม)

Ich warte auf Ihre Antwort und wünsche Ihnen einen schönen Tag.

(ฉันรอคอยคำตอบจากคุณ และขออวยพรให้คุณมีวันที่ดี)

Mit freundlichen Grüßen

Chanyanij Danwongsa

Beispiel 2:

Ihr Chef **Herr Liebe** hat bald Geburtstag. Er hat Ihnen eine Einladung zu seiner Geburtstagsparty geschickt.

(หัวหน้า(ผู้ชาย) ของคุณ มีวันเกิด เร็วๆนี้   เขาได้เชิญคุณมางานวันเกิด

Schreiben Sie eine E-Mail an **Herrn Liebe**.   (เขียน E-Mail ถึง **Herr Liebe**)

-Bedanken Sie sich.   ขอบคุณ (ที่เชิญ)

- Sagen Sie, dass Sie kommen können.   บอกว่าคุณจะมาร่วมงาน

- Geschenk   ของขวัญ

Schreiben Sie 30–40 Wörter   (เขียน 30–40 คำ)

Schreiben Sie zu allen drei Punkten. (เขียน ให้ครบทั้ง 3 หัวข้อ)

An: liebe@hotmail.com

Von: chanya@hotmail.com

Bangkok, 12.12.2021

Sehr geehrter Herr Liebe,

ich hoffe, es geht Ihnen gut und **ich bedanke mich für die Einladung zur Geburtstagsfeier.**
(ฉันหวังว่าคุณสบายดี และฉันขอขอบคุณที่คุณเชิญฉันมา ร่วมฉลองงานวันเกิดของคุณ)

Ich möchte ein schönes Bild als Geburtstagsgeschenk für Sie mitbringen.

(ฉันต้องการจะเอารูปภาพสวยๆเพื่อเป็นของขวัญวันเกิด มาให้คุณด้วย)

Könnten Sie mir bitte den Weg zu Ihrem Haus beschreiben? (คุณช่วยอธิบายทางไปบ้านคุณได้ไหม)

Ich warte auf Ihre Antwort und wünsche Ihnen einen schönen Tag.

(ฉันรอคอยคำตอบจากคุณ และขออวยพรให้คุณมีวันที่ดี)

Mit freundlichen Grüßen

Chanyanij Danwongsa

Beispiel 3:

Sie kennen **Frau Will** aus dem Deutschkurs. (คุณรู้จัก **Frau Will** จากคอร์เรียนภาษาเยอรมัน)

Sie hat Ihnen eine Einladung zu ihrer Hochzeit in Berlin geschickt.

(เธอส่งคำเชิญ ให้ไปร่วมงานแต่งงาน ใน Köln)

Schreiben Sie eine E-Mail an **Frau Will**. (เขียน E-Mail ถึง **Frau Will**)

-**Bedanken Sie sich.**   ขอบคุณ (ที่เชิญ)

-**jemanden mitbringen**   (จะเอาใครบางคนไปด้วย)

-**Übernachtung in Köln**   (การพักค้างคืนในเมือง Köln)

Schreiben Sie 30–40 Wörter   (เขียน 30–40 คำ)

Schreiben Sie zu allen drei Punkten. (เขียน ให้ครบทั้ง 3 หัวข้อ)

An: will@hotmail.com

Von: chanya@hotmail.com

Bangkok, 12.12.2021

Liebe Frau Will,

ich hoffe, es geht dir gut und **vielen Dank für die Einladung.**

(ฉันหวังว่าเธอสบายดีนะ และขอบคุณสำหรับคำเชิญ)

Ich möchte gerne zu Ihrer Hochzeitsparty kommen. (ฉันยินดีจะไปร่วมงานแต่งงาน)

Ich möchte mit meiner Mutter und meinem Vater kommen.

(คุณพ่อคุณแม่ของฉันอยากไปร่วมงานแต่งงานของคุณด้วย)

Darf ich meine Eltern zu Ihrer Hochzeitsfeier mitbringen? (ฉันขออนุญาตพาคุณพ่อคุณแม่ของฉันไปร่วมงานของคุณได้มั๊ย)

Ich habe eine Frage an Sie.   (ฉันมีคำถาม 1หนึ่งคำถามที่จะถามคุณ)

Wo kann ich in Köln übernachten?   (ฉันจะพักค้างคืนใน Köln ได้ที่ไหน?)

Ich warte auf Ihre Antwort und wünsche Ihnen einen schönen Tag.

(ฉันรอคอยคำตอบจากคุณ และขออวยพรให้คุณมีวันที่ดี)

Mit freundlichen Grüßen

Chanyanij Danwongsa

Beispiel 4:

Sie haben ein Hotelzimmer gebucht.   (คุณได้จอง ห้องพักที่โรงแรม ไว้)

Eigentlich wollten Sie am Donnerstag kommen. (ตามปกติแล้ว คุณต้องการจะเข้าพักวันพฤหัสบดี)

Sie können aber nun erst am Samstag kommen.   (แต่ตอนนี้คุณจะมาเข้าพักได้ เป็นวันเสาร์)

Schreiben Sie eine E-Mail an **das Hotel**.   (เขียน E-Mail ถึงโรงแรม)

-Erklären Sie die Situation, und sagen Sie, warum Sie schreiben.

  (อธิบาย (บอกเล่าถึงสถาณการณ์, และบอกว่า ทำไมคุณถึงเขียน อีเมล์)

- **Informieren Sie, wie lange möchten Sie bleiben**.   (แจ้งทาง

โรงแรมว่าคุณต้องการจะพักนานแค่ไหน (กี่คืน)

- **Fragen Sie nach einem neuen Preisangebot.** (ถามถึง ข้อเสนอใหม่จาก ทางโรงแรม)

| **Schreiben Sie 20-30 Wörter**   **(เขียน 30-40 คำ)** |
| **Schreiben Sie zu allen drei Punkten.** **(เขียน ให้ครบทั้ง 3 หัวข้อ)** |

An: hotel ABC@hotmail.com
Von: chanya@hotmail.com

Bangkok, 12.12.2021

Sehr geehrte Damen und Herren,

ich schreibe Ihnen, weil ich Ihre Hilfe benötige.

(ฉันเขียน ถึงคุณเพราะว่าฉันต้องการความช่วยเหลือจากคุณ)

 Letzte Woche habe ich ein Hotelzimmer bei Ihnen gebucht.

(เมื่อสัปดาห์ที่แล้ว ฉันจองห้องพักในโรงแรมของคุณ)

Leider kann ich nicht am Donnerstag kommen. Ich werde erst am Samstag kommen,

aber würde gerne 7 Nächte im Hotel bleiben. (น่าเสียดาย วันพฤหัสนี้ฉันมาไม่ได้ ฉันจะมาได้ วันเสาร์

และฉันต้องการ จะพักในโรงแรมของคุณ 7 วัน (7 คืน)

Wenn es Ihnen möglich, könnten Sie bitte ein neues Preisangebot machen?

(ถ้าเป็นไปได้ คุณช่วยทำข้อเสนอราคาใหม่ ให้ฉันได้หรือไม่)

Ich warte auf Ihre Antwort und bedanke mich im Voraus.

Mit freundlichen Grüßen
Chanyanij Danwongsa

Beispiel 5: Für Jugendliche (วัยรุ่น) (อายุไม่เกิน 16 ปี Jahre alt)

Du bist neu in der Klasse. คุณเป็นนักเรียนใหม่

Dein Englischlehrer, **Herr Liebe,** lädt dich ein, am Samstag von 11 Uhr bis 16 Uhr mit anderen Schülern zu einer Party in der Halle der Stadt zu feiern.

(ครูภาษาอังกฤษของคุณ ได้เชิญคุณ และเพื่อนนักเรียนคนอื่นๆมางานปาร์ตี้ที่ หอประชุมในเมืองในวันเสาร์ เวลา 11 ถึง 16 นาฬิกา)

Schreib **Herrn Liebe** eine E-Mail: เขียนอีเมล์ถึง

- **Sag danke und sage, dass du kommst. (** ขอบคุณ และ บอกว่าคุณจะมาร่วมงาน**)**

- **Informiere, wie du helfen möchtest.** (แจ้ง ให้ทราบว่า, คุณต้องการจะช่วยทำอะไรบ้าง)

- **Frag nach dem Weg.** (ถามทาง (ที่จะไปหอประชุมในเมือง)

-

> **Schreiben Sie 30–40 Wörter**   **(เขียน 30–40 คำ)**
>
> **Schreiben Sie zu allen drei Punkten.** **(เขียน ให้ครบทั้ง 3 หัวข้อ)**

An: liebe@hotmail.com

Von: chanya@hotmail.com

Bangkok, 12.12.2021

Sehr geehrter Herr Liebe,

ich hoffe, es geht Ihnen gut und ich bedanke mich für die Einladung zur Party.

(ฉันหวังว่าคุณคงสบายดี และขอขอบคุณ ที่เชิญฉันมางานปาร์ตี้)

Ich würde gerne zur Feier kommen und möchte auch Ihnen etwas helfen.

(ฉันยินดีที่จะมาร่วมงานเลี้ยง และต้องการช่วยเหลือคุณ)

Wenn es möglich ist, möchte ich den Partyraum dekorieren.

(ถ้าเป็นไปได้, ฉันอยากจะช่วย ในการตกแต่งห้องจัดปาร์ตี้)

Könnten Sie mir bitte den Weg zu der Halle beschreiben?

(คุณช่วยบอกทางไป ที่หอประชุมในเมืองได้หรือไม่?)

Ich warte auf Ihre Antwort und wünsche Ihnen einen schönen Tag.

Mit freundlichen Grüßen

Yada Jaksch

Beispiel 6: Für Jugendliche (วัยรุ่น) (อายุไม่เกิน 16 ปี Jahre alt)

Du bist neu in der Klasse. (คุณเป็นนักเรียนใหม่)

Deine Kunstlehrerin, **Frau Liebe,** organisiert einen Ausflug in einen Zoo.

(ครูครูศิลปะของคุณ, จัดทริป ไปเที่ยวสวนสัตว์)

Du kannst nicht mitgehen. (คุณไปด้วยไม่ได้)

Schreibe eine E-Mail an **Frau Liebe**. (เขียนถึง **Frau Liebe**)

- entschuldige dich (แสดงความขอโทษ)
- Sag, warum nicht kommen? (บอกว่าทำมามาไม่ได้)
- Mache einen Vorschlag für den neuen Ausflug. (เสนอแนะความคิดเห็น การจัดทริปครั้งต่อไป)

- **Schreiben Sie 30–40 Wörter** **(เขียน 30–40 คำ)**
- **Schreiben Sie zu allen drei Punkten.** **(เขียน ให้ครบทั้ง 3 หัวข้อ)**

An: liebe@hotmail.com

Von: chanya@hotmail.com

Bangkok, 12.12.2021

Sehr geehrte Frau Liebe,

ich hoffe, es geht Ihnen gut und ich möchte mich entschuldigen.

(ฉันหวังว่า คุณคงสบายดี และ ฉันต้องการแสดงความขอโทษ)

Leider kann ich nicht an dem Ausflug teilnehmen, denn ich bin krank.

(น่าเสียดาย ฉันไม่สามารไปร่วมทริปกับคุณได้, เพราะว่าฉันป่วย)

Ich würde vorschlagen. Wir können nächsten Monat einen Ausflug an einen See machen. (ฉันขอเสนอแนะว่า. ครั้งต่อไป เราควรจะไป เที่ยวทะเลสาบ ในเดือนหน้า)

Ich warte auf Ihre Antwort und wünsche Ihnen einen schönen Tag.

(ฉันรอคำตอบจากคุณ และปรารถนาให้คุณมีวันที่ดี)

Mit freundlichen Grüßen

Yada Jaksch

Mündliche Prüfung/ Sprechen

การสอบพูด (ใช้เวลา ประมาณ 15 นาที)   ใช้เวลา ประมาณ ส่วนละ2-3 นาที

การสอบพูดเราจะเข้าไปเป็นคู่

Teil 1: Sich kennen lernen

Fragen und Antworte

1. Stellen Sie Ihrem Partner / Ihrer Partnerin 4 Fragen zur Person!

   (Karten mit 4 Leipunkten)

   เราจะได้หยิบ การ์ด มา 4 แผ่น ซึ่งจะมีคำ แล้วให้เราใช้คำที่เราได้ ตั้งคำถามเพื่อถามคู่ของเรา

2. Antworten Sie ihm/ ihr 4 Fragen!

   และหลังจากเราถามเพื่อนเสร็จ เราก็จะต้องเป็นคนตอบคำถาม คู่เราอีก 4 คำถามเช่นกัน

   (ในแต่ละส่วนของการพูด หลักจากเลือกบัตรคำ หรือกระดาษคำสั่งมาแล้ว เราจะมีเวลาในการ

   อ่านโจทย์ ส่วนละประมาณ 20 วินาที)

ดูวีดีโอการสอนของครูปู ที่อธิบายเพิ่มเติมได้นะคะ สแกน QR โค้ดเพื่อชมวีดีโอได้เลยค่ะ

ปกติถ้าเราไม่รู้จักกันมาก่อน ต้องใช้ **Sie**

แต่เราสามารถชวนคู่เรา พูด **Du** ได้ โดยพูดว่า **Sollten wir uns duzen?**

Fragen zur Person: (**Erwachsene**)

Beispiel 1:

Sprechen Teil 1 **Fragen zur Person** **Name?**	**Sprechen Teil 1** **Fragen zur Person** **Alter?**
Sprechen Teil 1 **Fragen zur Person** **Land?**	**Sprechen Teil 1** **Fragen zur Person** **Wohnort?**

Name ชื่อ – นามสกุล

Frage: Wie heißen Sie? / Wie heißt du?   คุณชื่ออะไร?

Wie ist Ihr Name? / Wie ist dein Name? ชื่อของคุณคืออะไร?

Antwort: Mein Name ist <u>Chanyanij Danwongsa.</u> ฉันชื่อ ชัญญานิษฐ์ แดนวงษา

Alter อายุ

Frage: Wie alt sind Sie? / Wie alt bist du?   คุณอายุเท่าไหร่?

Antwort: Ich bin <u>49</u> Jahre alt.   ฉันอายุ 49 ปี

Land ประเทศ

Frage: Woher kommen Sie? / Woher kommst du?   คุณมาจากประเทศอะไร?

Antwort: Ich komme <u>aus Ubon Ratchathani, Thailand.</u>   (ฉันมาจากประเทศไทย)

Wohnort ที่อยู่อาศัย

Frage: Wo wohnen Sie? / Wo wohnst du?   คุณพักอาศัยอยู่ที่ไหน

Antwort: Ich wohne mit meiner Familie in <u>Plettenberg</u> in der <u>Blumenstraße 9.</u>

ฉันอาศัยอยู่กับครอบครัวของฉัน ในเมือง.............ในถนน.................บ้านเลขที่

Fragen zur Person:

Beispiel 2:

Sprechen Teil 1 **Fragen zur Person** **Geburtstag?**	**Sprechen Teil 1** **Fragen zur Person** **Hobby /Hobbys?**
Sprechen Teil 1 **Fragen zur Person** **Sprache?**	**Sprechen Teil 1** **Fragen zur Person** **Familie?**

ดูวีดีโอการสอนของครูปู ที่อธิบายเพิ่มเติมได้นะคะ สแกน QR โค้ดเพื่อชมวีดีโอได้เลยค่ะ

Geburtstag วันเกิด

Frage: Wann ist Ihr Geburtstag? / Wann ist dein Geburtstag?

วันเกิดของคุณวันที่เท่าไหร่

Antwort: Mein Geburtstag ist am 1. Januar 1973

วันเกิด ของฉันวันที่ 1 มกราคม 1973

Hobby /Hobbys งานอดิเรก

Frage: Was sind Ihre Hobbys? / Was sind deine Hobbys? งานอดิเรกของคุณคืออะไร?

Was ist Ihr Hobby? / Was ist dein Hobby?

Antwort: Meine Hobbys sind Malen, Bücher lesen und Musik hören. งานอดิเรกของฉันคือ การวาดภาพ ,การอ่านหนังสือ และการฟังเพลง

Frage: Haben Sie Hobbys? / Hast du Hobbys? คุณมีงานอดิเรกหรือไม่?

Antwort: Ja, meine Hobbys sind Malen, Bücher lesen und Musik hören.

ใช่ (ฉันมีงานอดิเรก), งานอดิเรกของฉันคือ การวาดภาพ ,การอ่านหนังสือ และการฟังเพลง

Sprache / Sprachen ภาษา

Frage: Welche Sprach sprechen Sie? / Welche sprichst du? คุณพูดภาษาอะไรบ้าง?

Wie viel Sprachen sprechen Sie? Wie viel Sprachen sprichst du? คุณพูดได้กี่ภาษา

Antwort: Meine Muttersprache ist thailändisch aber ich kann auch sehr gut Englisch, ein bisschen Japanisch und ein bisschen Deutsch sprechen.

ภาษาแม่ของฉันคือภาษาไทย แต่ฉันยังพูดภาษาอังกฤษได้ดีมาก, พูดภาษาญี่ปุ่นและภาษาเยอรมันได้นิดหน่อย (Ich kann 4 Sprachen sprechen. ฉันสามารถพูดได้ 4 ภาษา)

Familie ครอบครัว

Frage: Sind Sie verheiratet? / Bist du verheiratet? คุณแต่งงานหรือยัง?

Antwort: Ja, ich bin verheiratet. ใช่,ฉันแต่งงานแล้ว (Nein, ich bin ledig.) ไม่,ฉันเป็นโสด

****Ich bin ledig = ฉันโสด , Ich bin verwitwet = ฉันเป็นหม้าย,

Ich bin geschieden = ฉันหย่า***

Frage: Haben Sie Kinder? / Hast du Kinder? คุณมีลูกมั้ย

Antwort: Ja, ich habe eine Tochter. Sie ist 20 Jahre alt. ใช่, ฉันมีลูกสาว 1 คน เธออายุ 20 ปี

(Nein, ich habe keine Kinder.) ไม่, ฉันยังไม่มีลูก

Fragen zur Person:

Beispiel 3:

Sprechen Teil 1 Fragen zur Person **Arbeit / Beruf?**	Sprechen Teil 1 Fragen zur Person **Sprachschule?**
Sprechen Teil 1 Fragen zur Person **Musik?**	Sprechen Teil 1 Fragen zur Person **Familienname?**

ดูวีดีโอการสอนของครูปู ที่อธิบายเพิ่มเติมได้นะคะ สแกน QR โค้ดเพื่อชมวีดีโอได้เลยค่ะ

Arbeit / Beruf อาชีพ

Frage: Was sind Sie von Beruf? / Was bist du von Beruf? คุณมีอาชีพอะไร

Als was arbeiten Sie? / Als was arbeitest du?

Antwort: : **Von Beruf bin ich** Sprachlehrerin. Ich unterrichte Englisch bei Tertia.

ฉันมีอาชีพเป็นครูสอนภาษา ฉันสอนภาษาอังกฤษที่ ....

- **Von Beruf bin ich** Masseuse / Masseurin und ich arbeite bei Thai Massage....... in der ....Straße in ....(Stadt). ฉันมีอาชีพเป็นพนักงานนวด และฉันทำงานที่ร้านนวด....

- Ich arbeite nicht, **ich bin Hausfrau.** Zurzeit mache ich einen Deutschkurs.

ฉันไม่ได้ทำงาน, ฉันเป็นแม่บ้าน . ตอนนี้ฉันเรียนภาษาเยอรมันอยู่

- Ich bin **Studentin und ich studiere an einer Universität**. / Ich bin Student **und ich studiere an einer Universität**. ฉันเป็นนักศึกษา และศึกษาอยู่ที่ มหาวิทยาลัยแห่งหนึ่ง

Sprachschule โรงเรียนสอนภาษา

Frage: Wie heißt Ihre Sprachschule? / Wie heißt deine Sprachschule? ชื่อโรงเรียนสอนภาษาของคุณ คือ อะไร?

Antwort: VHS. ชื่อ .... Ich lerne Deutsch bei **VHS.** ฉันเรียนภาษาเยอรมันที่ .....
Goethe Institut. Ich lerne Deutsch bei **Goethe Institut in Bangkok Thailand.**
Tertia. Ich lerne Deutsch bei **Tertia in Lüdenscheid. ฉันเรียนภาษาเยอรมันที่....**

Musik ดนตรี

Frage: Hören Sie gern Musik? / Hörst du gern Musik? คุณชอบฟังดนตรี / ฟังเพลงหรือไม่

Antwort: : **Ja, ich höre gerne Musik. Meine Lieblingsmusik ist Pop.**

ใช่,ฉันชอบฟังเพลง. เพลงโปรดของฉันคือเพลง ป็อป

Nein, ich mag keine Musik. ไม่,ฉันไม่ชอบฟังดนตรี

Familienname / Nachname นามสกุล

Frage: Wie ist Ihr Familienname? / Wie ist dein Familienname? นามสกุลของคุณคือ อะไร?

Könnten Sie bitte Ihr Nachname buchstabieren? คุณช่วยสะกด นามสกุลของคุณได้มั้ย

Antwort: Mein Familienname ist **Danwongsa. Ja, D-A-N-W-O-N-G-S-A**

นามสกุล ของฉันคือ **Danwongsa .** เด -อา- เอ็น- เว-โอ-เอ็น-เก-เอส- อา

Fragen zur Person: (Jugendliche)

Beispiel 4:

Sprechen Teil 1

Fragen zur Person

Ausbildung / Studium?

Sprechen Teil 1

Fragen zur Person

Eltern?

Sprechen Teil 1

Fragen zur Person

Schule?

Sprechen Teil 1

Fragen zur Person

Lieblingsfach?

Ausbildung / Studium การเรียนสายอาชีพ/ การศึกษา

Frage: Machen Sie eine Ausbildung oder studieren Sie?

Machst du eine Ausbildung oder studierst du?

คุณเรียนสายอาชีพ หรือคุณกำลังศึกษาอยู่?

Antwort: : **Ich bin Studentin und ich studiere an einer Universität. / Ich bin Student und ich studiere an einer Universität.** ฉันเป็นนักศึกษา และฉันศึกษาอยู่ที่มหาวิทยาลัยแห่งหนึ่ง

- **Ich mache eine Ausbildung als Therapeutin in einer Praxis.** ฉันเรียนสายอาชีพ สาขาวิชากายภาพบำบัด ที่คลีนิคแห่งหนึ่ง

Eltern พ่อแม่ / ผู้ปกครอง

Frage: Als was arbeiten Ihre Eltern? Als was arbeiten deine Eltern? คุณพ่อคุณแม่ของคุณทำงานอะไร

Antwort: : **Mein Vater ist Ingenieur.** คุณพ่อของฉันเป็นวิศวกร

Meine Mutter ist Lehrerin. คุณแม่ของฉันเป็นคุณครู

Schule โรงเรียน

Frage: Bist du eine Schülerin? / Bist du ein Schüler? คุณเป็นนักเรียนหรือเปล่า?

Wo lernst du? คุณเรียนที่ไหน?

Antwort: : **Ja, ich bin Schüler. / Ich bin Schülerin.** ใช่, ฉันเป็นนักเรียน

Zurzeit **lerne ich in ....Schule in der 10. Klasse.** ตอนนี้ฉันเรียนอยู่ที่ โรงเรียน .... ชั้น ม.4

Lieblingsfach วิชาโปรด /วิชาที่ชอบมากที่สุด

Frage: Was ist dein **<u>Lieblingsfach</u>**? วิชาปรดของเธอคือวิชาอะไร?

Antwort: Mein Lieblingsfach ist <u>Chemie.</u> วิชาโปรดของฉันคือ วิชาเคมี

Beispiel: **Englisch, Mathematik, Biologie, Religion, Thai, Kunst, Sport**

ตัวอย่าง (วิชา) ภาษาอังกฤษ, คณิตศาสตร์, ชีววิทยา, ศาสนา, ภาษาไทย, ศิลปะ, กีฬา

Fragen zur Person: (Jugendliche)

Beispiel 5:

Sprechen Teil 1

Fragen zur Person

Sport?

Sprechen Teil 1

Fragen zur Person

Geschwister?

Sprechen Teil 1

Fragen zur Person

Buch/ Bücher?

Sprechen Teil 1

Fragen zur Person

Filme?

Sport กีฬา

Frage: Machst du gerne Sport? / Treibst du gern Sport? / Was ist dein Lieblingssport?

คุณชอบเล่นกีฬามั้ย?   กีฬาโปรดของคุณคืออะไร?

Antwort: **Ja, ich mache gerne Sport. Mein Lieblingssport ist Badminton.**

ใช่,ฉันชอบเล่นกีฬา .   กีฬาโปรดของฉันคือ แบดมินตัน

Nein, ich treibe nicht gerne Sport.   / Ich mache keinen Sport.

ไม่, ฉันไม่ชอบเล่นกีฬา   ฉันไม่เล่นกีฬา

Geschwister พี่น้อง

Frage: Hast du Geschwister? คุณมีพี่น้องมั้ย? / Wie viele Geschwister hast du? คุณมีพี่น้องกี่คน?

Antwort: **Ja, habe 3 Geschwister, ich habe einen Bruder und zwei Schwestern.**

ใช่, ฉันมีพี่น้อง 3 คน, ฉันมีน้องชาย 1 คน และ พี่สาว และน้องสาว (พี่สาว หรือ น้องสาว 2 คน)

Nein, ich habe keine Geschwister. Ich bin ein Einzelkind.

ไม่, ฉันไม่มีพี่น้อง.   ฉันเป็นลูกคนเดียว

Buch / Bücher หนังสือ

Frage: Liest du gerne Bücher? / Was ist dein Lieblingsbuch?

คุณชอบอ่านหนังสือหรือไม่?/ หนังสืออะไรคือหนังสือโปรดของคุณ

Antwort: **Ja, ich lese gerne Bücher. Mein Lieblingsbuch ist Roman.**

ใช่, ฉันชอบอ่านหนังสือ   หนังสือโปรดของฉันคือนวนิยาย

Nein, ich lese nicht gerne Bücher. ไม่,ฉันไม่ชอบอ่านหนังสือ

Filme หนัง, ภาพยนตร์

Frage: Siehst du gerne Filme? / Was ist dein Lieblingsfilm?

คุณชอบดูหนังหรือไม่? /   อะไรเป็นหนังโปรดของคุณ

Antwort: **Ja, ich sehe gerne Filme. Ich sehe viele Filme auf dem Computer.**

ใช่, ฉันชอบดูหนังมากๆ   ฉันดูหนังหลายๆเรื่องจากคอมพิวเตอร์

Mein Lieblingsfilm ist "Bridget Jones" หนังโปรดของฉันคือ "Bridget Jones

Ich habe keinen Lieblingsfilm. (ฉันไม่มีหนังเรื่องโปรด)

Nein, ich schaue nicht gerne Filme. (ไม่, ฉันไม่ชอบดูหนัง)

Fragen zur Person: (Jugendliche)

Beispiel 6:

Sprechen Teil 1 Fragen zur Person **Freizeit?**	Sprechen Teil 1 Fragen zur Person **ins Bett gehen?**
Sprechen Teil 1 Fragen zur Person **morgens aufstehen?**	Sprechen Teil 1 Fragen zur Person **Hobby?**

Freizeit เวลาว่าง

Frage: Was machst du in deiner **Freizeit?** / Was machen Sie in Ihrer **Freizeit?**

คุณทำอะไร ในเวลาว่าง

Antwort:

- In meiner Freizeit lese ich gerne viele Bücher.   (ในเวลาว่าง ฉันชอบอ่านหนังสือมากเยอะ)

Manchmal höre ich Musik und ich sehe auch gern fern. (บางครั้งก็ฟังเพลง. และก็ชอบดูทีวี)

Am Wochenende arbeite ich gerne mit meinem Mann in unserem kleinen Garten.

(ในวันหยุดสุดสัปดาห์ ฉันชอบทำงาน(ทำสวน)กับสามีของฉันในสวนเล็ก ๆ ของพวกเรา)

ins Bett gehen เข้านอน

Frage: Wann gehst du ins Bett / Wann gehen Sie ins Bett?   คุณเข้านอนกี่โมง

Antwort: ปกติแล้ว ฉันเข้านอนเวลา 2 ทุ่ม

morgens aufstehen ตื่นนอนตอนเช้า

Frage: Um wieviel Uhr stehst du auf? / Um wieviel Uhr stehen Sie auf?

คุณตื่นนอนตอนกี่โมง

Antwort: **Normalerweise stehe ich <u>um 9 Uhr</u> auf.** / **Ich stehe <u>um 9 Uhr</u> auf.**

ปกติแล้ว ฉันตื่นนอน เวลา 09 นาฬิกา

Hobby /Hobbys งานอดิเรก

Frage: Was sind Ihre Hobbys?   / Was sind deine Hobbys?   งานอดิเรกของคุณคืออะไร?

Was ist Ihr Hobby? / Was ist dein Hobby?

Antwort: Meine Hobbys sind Malen, Bücher lesen und Musik hören. งานอดิเรกของฉันคือ การวาดภาพ ,การอ่านหนังสือ และการฟังเพลง

Frage: Haben Sie Hobbys?   / Hast du Hobbys? คุณมีงานอดิเรกหรือไม่?

Antwort: Ja, meine Hobbys sind Malen, Bücher lesen und Musik hören.

ใช่ (ฉันมีงานอดิเรก), งานอดิเรกของฉันคือ การวาดภาพ ,การอ่านหนังสือ และการฟังเพลง

Fragen zur Person: (Jugendliche)

Beispiel 7:

Sprechen Teil 1	Sprechen Teil 1
Fragen zur Person	Fragen zur Person
Alter?	**dein Schlafzimmer?**

Sprechen Teil 1	Sprechen Teil 1
Fragen zur Person	Fragen zur Person
Musik?	**Wohnung / Haus**

das Alter อายุ

Frage: Wie alt sind Sie? / Wie alt bist du? คุณอายุเท่าไหร่

Antwort: Ich bin **15** Jahre alt. ฉันอายุ 15 ปี

das Schlafzimmer / das Zimmer ห้องนอน

Frage: Wie sieht Ihr Schlafzimmer aus? / Wie ist dein Schlafzimmer?

ห้องนอนของเธอ มีลักษณะเป็นอย่างไร

Antwort: Mein Schlafzimmer ist lila und es hat 2 Fenster.

ห้องนอนของฉันเป็นสีม่วง และ มีหน้าต่าง 2 บาน

Es gibt zwei schöne Vorhänge mit Blumen. มีผ้าม่ายลายดอกไม้สวยๆ **2** อัน

In meinem Schlafzimmer steht eine Vase mit Rosen.

ในห้องนอนของฉัน มีแจกันดอกกุหลาบตั้งอยู่

die Musik ดนตรี

Frage: Hören Sie gern Musik? / Hörst du gern Musik? คุณชอบฟังดนตรี / ฟังเพลงหรือไม่

Antwort: : **Ja, ich höre gerne Musik. Meine Lieblingsmusik ist Pop.**

ใช่,ฉันชอบฟังเพลง. เพลงโปรดของฉันคือเพลง ป๊อป

Nein, ich mag keine Musik. ไม่,ฉันไม่ชอบฟังดนตรี

die Wohnung / das Haus

Frage: Wohnst du in einem Haus oder einer Wohnung? คุณอาศัยในบ้าน หรืออพาร์ทเม้นท์

/ Wohnen Sie in einem Haus oder einer Wohnung??

Antwort: 1. Ich wohne <u>mit</u> meiner Mutter und meinem Vater in einem kleinen aber schönen Haus. Mein Haus hat 2 Schlafzimmer, 2 Wohnzimmer, 2 Toiletten und 2 Küchen. Wir haben einen Garden.

1. ฉันอาศัยอยู่กับพ่อและแม่ในบ้านหลังเล็กแต่น่ารัก บ้านของฉันมี **2** ห้องนอน **2** ห้องนั่งเล่น **2** ห้องน้ำ **2** ห้องครัว เรามีสวน

2. Ich wohne <u>alleine</u> in einer großen Wohnung. Die Wohnung verfügt über ein Schlafzimmer, eine Küche, ein Badezimmer, ein Wohnzimmer und einen Balkon

2. ฉันอยู่คนเดียวในอพาร์ตเมนต์ขนาดใหญ่ อพาร์ตเมนต์มี 1ห้องนอน 1 ห้องครัว 1 ห้องน้ำ 1 ห้องนั่งเล่น และ 1 ระเบียง

Fragen zur Person: (Jugendliche)

Beispiel 8:

Sprechen Teil 1 **Fragen zur Person** **Farbe / Farben?**	**Sprechen Teil 1** **Fragen zur Person** **Essen / Gericht?**
Sprechen Teil 1 **Fragen zur Person** **Trinken/ Getränk?**	**Sprechen Teil 1** **Fragen zur Person** **Interessen?**

die Farbe / die Farben สี

Frage: Was ist deine Lieblingsfarbe? / Was ist Ihre Lieblingsfarbe? สีโปรดของคุณ คือสีอะไร?

Antwort: Meine Lieblingsfarbe ist <u>Lila.</u> สีโปรดของฉันคือ<u>สีม่วง</u>

das Essen / das Gericht อาหาร

Frage: Was ist dein Lieblingsessen? / Was ist Ihr Lieblingsessen? อาหารโปรดของคุณคืออะไร

Antwort: Mein Lieblingsessen ist <u>gebratener Reis</u>. อาหารโปรดของฉันคือ <u>ข้าวผัด</u>

Trinken / Getränk เครื่องดื่ม

Frage: Was ist dein Lieblingsgetränk? / Was ist Ihr Lieblingsgetränk?

เครื่องดื่มที่คุณโปรด คืออะไร?

Antwort: : **Mein Lieblingsgetränk ist Cola light.** เครื่องดื่มที่ฉันโปรด (ชอบมาก) คือ โคล่า ไลท์

Das Interesse / die Interessen ความสนใจ

Frage: Wofür interessierst du dich? / Was interessiert dich? คุณให้ความสนใจกับอะไร?

Antwort: **Ich interessiere mich für das Erlernen von Fremdsprachen.**

ฉันสนใจในการเรียนภาษาต่างประเทศ

Ich interessiere mich für Sport. ฉันสนใจในการเล่นกีฬา

Fragen zur Person: (Jugendliche)

Beispiel 9:

Sprechen Teil 1	Sprechen Teil 1
Fragen zur Person	Fragen zur Person
Haustier / Haustiere?	**Lied / Song?**

Sprechen Teil 1	Sprechen Teil 1
Fragen zur Person	Fragen zur Person
Traumjob?	**Familienname?**

Haustier / Haustiere: (Das Tier/ die Tiere) สัตว์เลี้ยงในบ้าน

Frage: Hast du ein Haustier? / Haben Sie ein Haustier? คุณมีสัตว์เลี้ยงในบ้านหรือไม่?

Antwort: Ja, ich habe eine Katze. ใช่, ฉันมีแมว หนึ่งตัว

Ja, ich habe zwei Katzen. / Ja, ich habe eine Katze und einen Hund.

ใช่, ฉันมีแมว สองตัว   ใช่,ฉันมีแมว หนึ่งตัว และมีสุนัข หนึ่งตัว

Nein, ich habe kein Haustier. Ich mag keine Tiere.

ไม่,ฉันไม่มีสัตว์เลี้ยงในบ้าน   ฉันไม่ชอบสัตว์

das Lied / der Song เพลง

Frage: Was ist dein Lieblingslied? / Was ist dein Lieblingslied?

เพลงโปรกของคุณคือเพลงอะไร?

Antwort: Mein Lieblingslied ist "Bis meine Welt die Augen schließ"

เพลงโปรดของฉันคือ....................................

Frage: Singst du gern? / Singen Sie gern? คุณชอบร้องเพลงหรือไม่?

Antwort: Ja, ich singe gern und mein Lieblingslied ist "Bis meine Welt die Augen schließ" ใช่,ฉันชอบร้องเพลง และเพลงโปรดของฉัน คือ "Bis meine Welt die Augen schließ"

Nein, ich singe nicht so gern. Ich kann nicht gut singen.

ไม่, ฉันไม่ค่อยชอบร้องเพลง   ฉันร้องเพลงไม่เก่ง

Traumjob / Traumberuf งานในฝัน

Frage: Was ist dein Traumberuf?   /Was ist dein Traumjob? งานในฝันของคุณ คืออะไร?

Antwort: : Mein Traumberuf ist Stewardess. / Mein Traumjob ist Schauspielerin.

งานในฝันของฉันคือ พนักงานต้อนรับบนเครื่องบิน/ งานในฝันของฉันคือ ดารา

Familienname / Nachname นามสกุล

Frage: Wie ist Ihr Familienname? / Wie ist dein Familienname? นามสกุลของคุณคือ อะไร?

Könnten Sie bitte Ihr Nachname buchstabieren? คุณช่วยสะกด นามสกุลของคุณได้มั้ย

Antwort: Mein Familienname ist Danwongsa. Ja, D-A-N-W-O-N-G-S-A

นามสกุล ของฉันคือ Danwongsa .   เด -อา- เอ็น- เว-โอ-เอ็น-เก-เอส- อา

Teil 2 Sie erzählen etwas über sich und Ihr Leben.

(จะมีใบงาน ให้ดู พร้อมรูปภาพ) **(Sie bekommen eine Karte (Aufgabenblatt) mit 4 Leipunkten)**

Von sich erzählen

ดูวีดีโอการสอนของครูปู ที่อธิบายเพิ่มเติมได้นะคะ สแกน **QR** โค้ดเพื่อชมวีดีโอได้เลยค่ะ

Beispiel 1.

Reise?		Kleidung

Was machen Sie mit Ihrem Geld?/
Was machst du mit deinem Geld?

Lebensmittel, Miete		Sparen

die Miete / die Mietkosten ค่าเช่า

Ich gebe etwa 50% meines Einkommens für meine Lebenshaltungskosten aus. Zum Beispiel gebe ich ca. 500 Euro für Mietkosten und Nebenkosten aus. (ฉันใช้จ่ายประมาณ 50% ของรายได้เป็นค่าครองชีพ ตัวอย่างเช่น ฉันใช้จ่ายประมาณ 500 ยูโรสำหรับค่าเช่าและค่าสาธารณูปโภค)

das Lebensmittel อาหาร

Außerdem gebe ich ca. 400 € im Monat für Lebensmittel aus.

(ฉันยังใช้จ่ายประมาณ 400 ยูโรต่อเดือนในการซื้อของชำ)

die Kleidung เครื่องแต่งกาย

Ich gebe nicht viel Geld für Kleidung aus. Ich kaufe Kleidung nur einmal im Jahr.

ฉันไม่ได้ใช้เงินมากมายกับเสื้อผ้า ฉันซื้อเสื้อผ้าปีละครั้งเท่านั้น

die Reise การเดินทาง

Etwa 20 % meines Einkommens gebe ich für Reisen aus. Ich und meine Familie reisen ungefähr 2-3-mal im Jahr.ฉันใช้จ่ายประมาณ 20% ของรายได้ของฉันไปกับการเดินทาง ฉันและครอบครัวเดินทางปีละ 2-3 ครั้ง

sparen / das Sparen ประหยัด / การสะสม, การออม

Außerdem spare ich mein Geld ca. 1.000 € pro Monat für meine Zukunft.

(ฉันยังเก็บเงิน(เงินออม) ของฉันได้ประมาณ 1,000 ยูโรต่อเดือนสำหรับอนาคตของฉัน)

(Jugendliche วัยรุ่น)

Ich gebe nicht viel Geld aus, weil meine Eltern für mich alle bezahlen. **(ฉันไม่ได้ใช้เงินมากนักเพราะพ่อแม่จ่ายเงินให้ฉันทั้ง)**

Ich habe keine Arbeit, weil ich Schülerin bin. ฉันไม่มีงานทำเพราะฉันเป็นนักเรียน

Ich kaufe nicht viele Kleidung und ich bezahle nie für die Reise.

(ฉันไม่ได้ซื้อเสื้อผ้ามากและไม่เคยจ่ายค่าเดินทาง)

Ich bezahle nur Essen und Trinken nur in der Schule. **(ฉันจ่ายค่าอาหารและเครื่องดื่มที่โรงเรียนเท่านั้น)**

Allerdings habe ich eine Spardose und spare jeden Tag etwa 10 Baht.

(แต่ฉันมีเงินออมประมาณ 10 บาททุกวัน)

(der Wechselkurs อัตราแลกเปลี่ยนเงิน 1€ = ca. 38 Baht) 1 ยูโร / ประมาณ 38 บาท)

(อัตราแลกเปลี่ยน 1€ = ประมาณ 38 บาท)

Sprechen Teil 2

Von sich erzählen

Beispiel 2.

Sport
Jemanden besuchen
Was machen Sie am Samstag?
Was machst du am Samstag?
คุณทำอะไรในวันเสาร์
mit wem
Wo

Der Sport + mit wem? + wo? กีฬา กับใคร ที่ไหน?

Am Samstag gehe ich oft mit meiner Mutter ins Schwimmbad.

(**ในวันเสาร์** ฉันมักจะไปสระว่ายน้ำกับคุณแม่ของฉัน)

Manchmal spiele ich mit meiner Freundin Tennis auf einem Tennisplatz.

(บางครั้งฉันเล่นเทนนิสกับเพื่อนที่สนามเทนนิส)

Jemanden besuchen ไปเยี่ยมใครซักคน

Jeden Samstag besuche ich mit meiner Familie meine Großeltern und wir essen zusammen in einem Restaurant.

(ทุกวันเสาร์ฉันจะไปเยี่ยมปู่ย่าตายายกับครอบครัวและรับประทานอาหารร่วมกันในร้านอาหาร)

Manchmal besuche ich mit meiner Freundin meine Tante in einer anderen Stadt.

(บางครั้งฉันไปเยี่ยมคุณป้า (หรือคุณน้า) ที่เมืองอื่นกับเพื่อนของฉัน)

Sprechen Teil 2

Von sich erzählen

Beispiel 3.

ดูวีดีโอการสอนของครูปู ที่อธิบายเพิ่มเติมได้นะคะ สแกน QR โค้ดเพื่อชมวีดีโอได้เลยค่ะ

die Musik เพลง / ดนตรี

Am Wochenende höre ich mit meinen Freunden Musik und manchmal singen und tanzen wir zusammen.

(ในวันหยุดสุดสัปดาห์ฉันจะฟังเพลงกับเพื่อน ๆ และบางครั้งเราก็ร้องเพลงและเต้นรำด้วยกัน)

das Kino โรงหนัง

Jeden Samstag gehen wir zusammen ins Kino.   (เราไปโรงหนังด้วยกันทุกวันเสาร์)

der Ausflug / Ausflug machen ไปเที่ยว

Manchmal mache ich am Wochenende einen Ausflug mit meinen Freunden. Wir machen zum Beispiel eine Fahrradtour und machen ein Picknick am See oder im Park.

(บางครั้งฉันไปเที่ยวกับเพื่อน ตัวอย่างเช่น เราไปทัวร์จักรยานและปิกนิกที่ทะเลสาบหรือในสวนสาธารณะ)

der Film / fernsehen ภาพยนตร์/ทีวี

Am Wochenende schauen wir abends gemeinsam Filme oder manchmal fernsehen wir zusammen.

(ในวันหยุดสุดสัปดาห์เราดูหนังด้วยกันในตอนเย็นหรือบางครั้งเราดูทีวีด้วยกัน)

Sprechen Teil 2
Von sich erzählen

Beispiel 4.

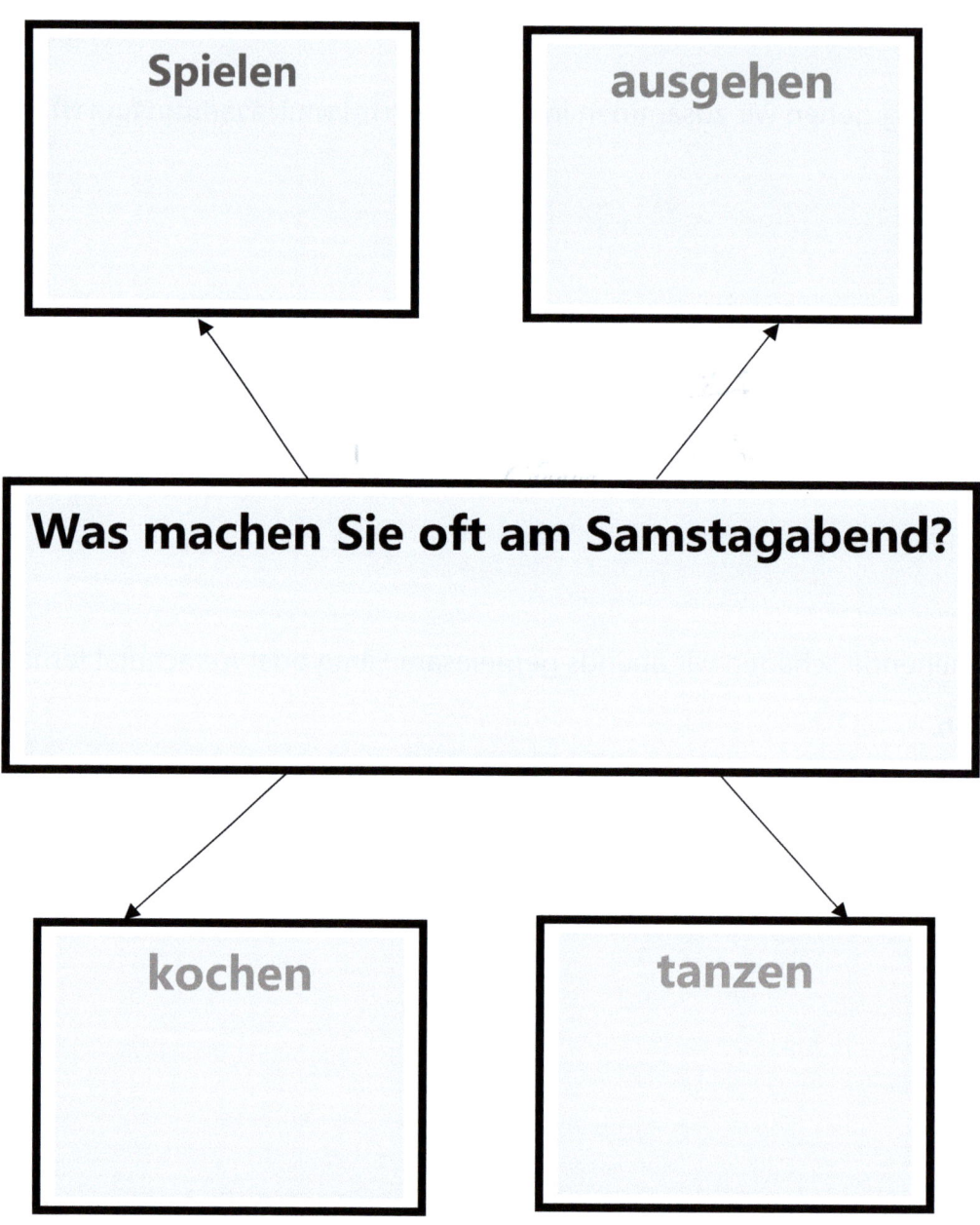

Spielen

ausgehen

Was machen Sie oft am Samstagabend?

kochen

tanzen

kochen ทำอาหาร

Am Samstagabend koche ich oft zu Hause mit meinem Mann.

(ในเย็นวันเสาร์ฉันมักจะทำอาหารที่บ้านกับสามี)

spielen เล่น

Normalerweise spielen meine Familie und ich zusammen Karten. Wir spielen ungefähr zweimal im Monat. (ฉันและครอบครัวมักจะเล่นไพ่ด้วยกัน เราเล่นเดือนละประมาณสองครั้ง)

ausgehen ออกข้างนอก (ออกไปเที่ยว /ไปทานข้าวนอกบ้าน)

Am Samstagabend gehe ich nicht oft aus. ตอนเย็นวันเสาร์ ฉันไม่ออกไปข้างนอกบ่อยนัก

tanzen เต้นรำ

Am Samstagabend gehen wir manchmal in eine Bar, um zu tanzen und Musik zu hören.

(บางครั้งเราไปบาร์เพื่อเต้นรำและฟังเพลง)

Ich kann nicht gut Tanzen, deshalb tanze ich nicht oft.   (ฉันเต้นไม่เก่ง เลยไม่ค่อยได้เต้น)

Sprechen Teil 2
Von sich erzählen

Beispiel 5.

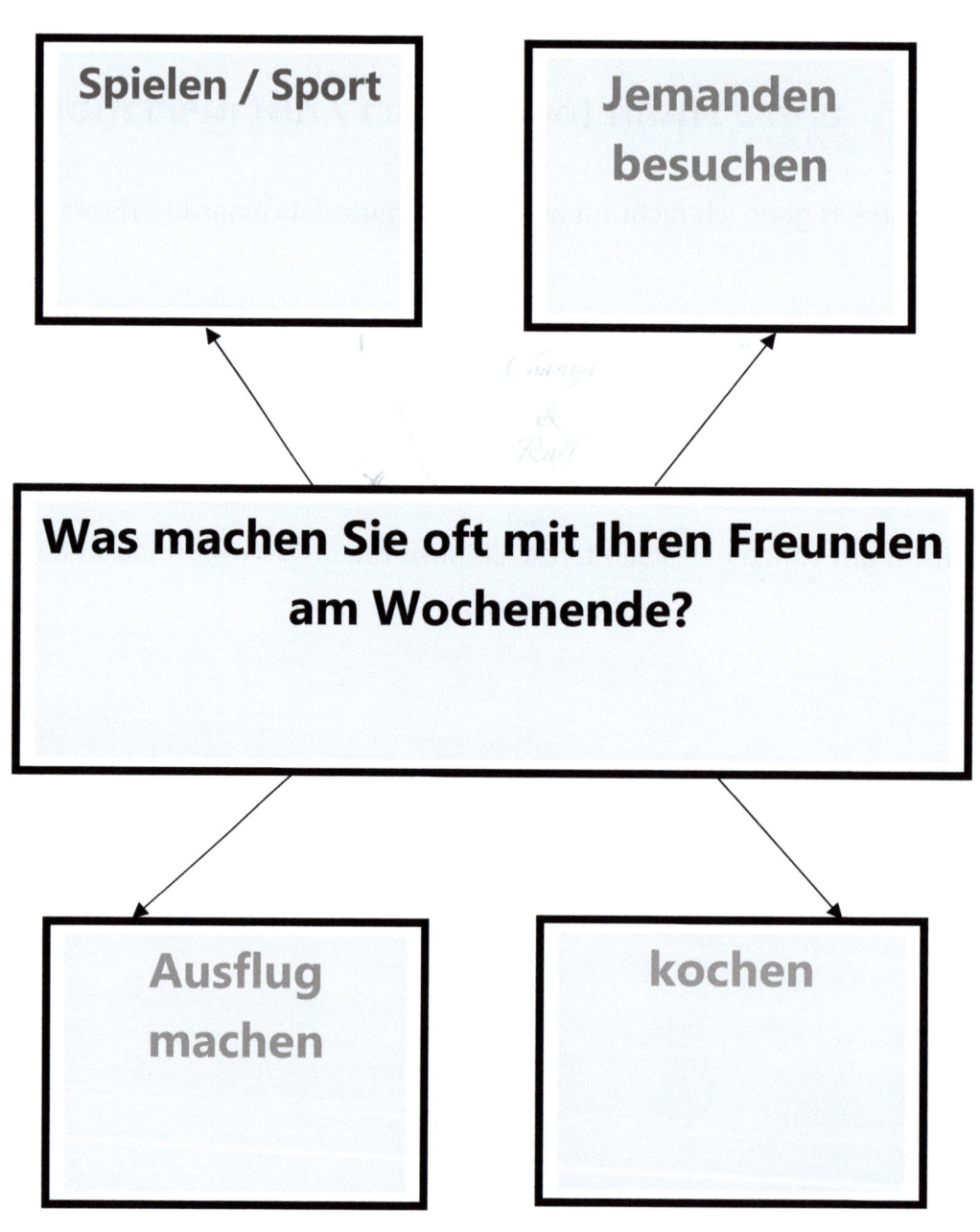

das Spielen / der Sport

Normalerweise spielen meine Freunde und ich zusammen Karten.

Wir spielen ungefähr zweimal im Monat.

Manchmal gehen wir zusammen ins Schwimmbad.

Jemanden besuchen ไปเยี่ยมใครซักคน

Jeden Samstag besuche ich mit meiner Familie meine Großeltern und wir essen zusammen in einem Restaurant.

ทุกวันเสาร์ฉันจะไปเยี่ยมปู่ย่าตายายกับครอบครัวและรับประทานอาหารร่วมกันในร้านอาหาร

Manchmal besuche ich mit meiner Freundin meine Tante in einer anderen Stadt.

บางครั้งฉันไปเยี่ยมคุณป้า (หรือคุณน้า) ที่เมืองอื่นกับเพื่อนของฉัน

kochen

Am Wochenende koche ich mit meinen Freunden zusammen. Ich koche thailändische Gerichte und meine Freunde kochen deutsche Gerichte. Wir kochen zum Beispiel grünes Curry und Gulasch.

tanzen

Manchmal gehen wir in eine Bar, um zu tanzen und Musik zu hören.

der Ausflug / Ausflug machen ไปเที่ยว

Manchmal mache ich am Wochenende einen Ausflug mit meinen Freunden. Wir machen zum Beispiel eine Fahrradtour und machen ein Picknick am See oder im Park.

(บางครั้งฉันไปเที่ยวกับเพื่อน ตัวอย่างเช่น เราไปทัวร์จักรยานและปิกนิกที่ทะเลสาบหรือในสวนสาธารณะ)

Sprechen Teil 2
Von sich erzählen

Beispiel 6: (Jugendliche)

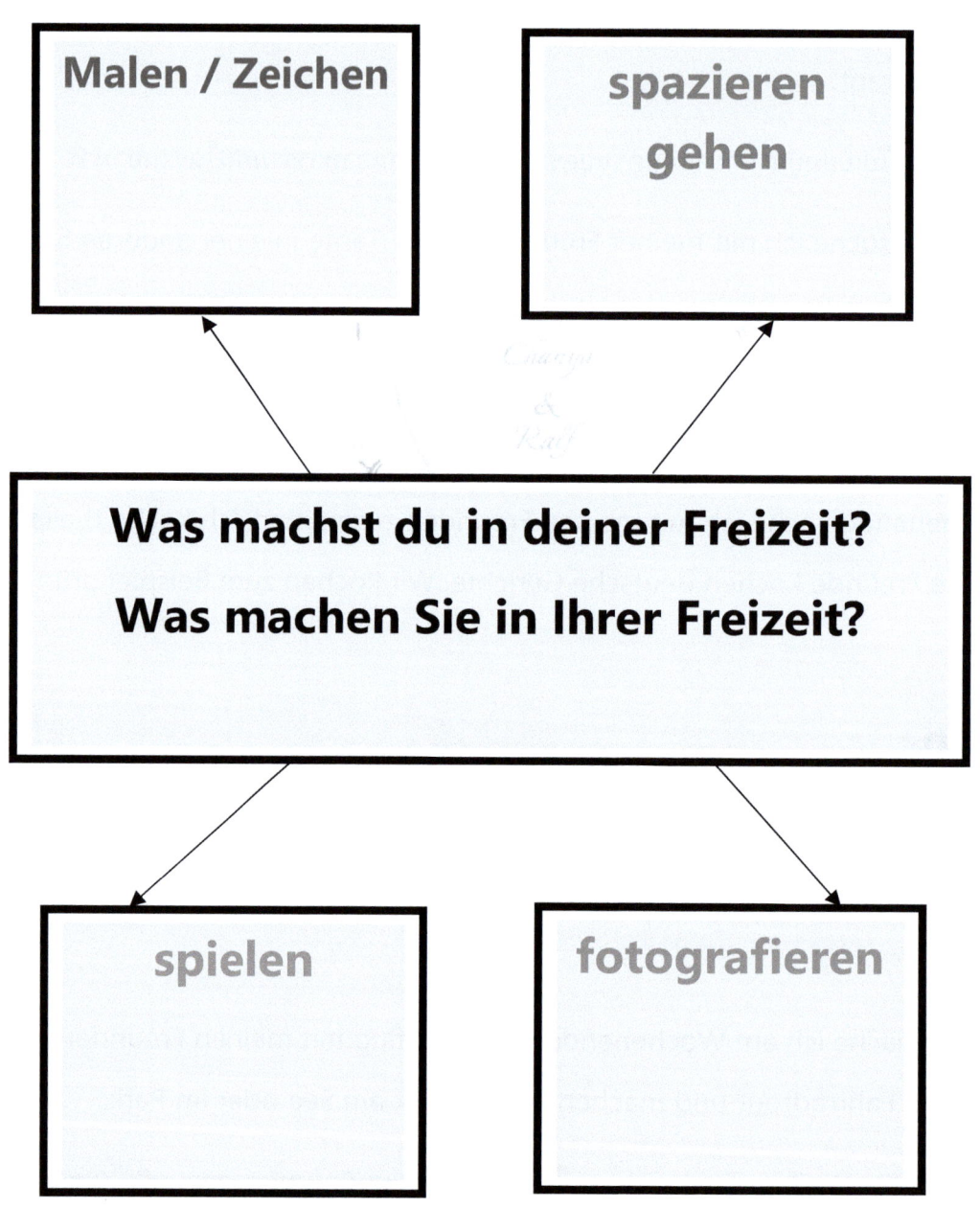

malen / zeichen วาดรูป

In meiner Freizeit male ich manchmal. Ich zeichne gerne viele Bilder aus Blumen.

ในเวลาว่างของฉัน ฉันวาดรูปเป็นบางครั้ง ฉันชอบวาดรูปดอกไม้มากมาย

spielen เล่น

Manchmal spiele ich auch Badminton mit meinen Eltern.

บางครั้งฉันก็เล่นแบดมินตันกับพ่อแม่

spazieren gehen ไปเดินเล่น

In meiner Freizeit gehe ich mit meinem Hund spazieren.

ในเวลาว่างของฉัน ฉันจะพาสุนัขไปเดินเล่น

fotografieren ถ่ายรูป

Ich fotografiere oft in meiner Freizeit. Ich fotografiere viele Bilder von meinen Speisen und Blumen. ฉันมักจะถ่ายรูป ในเวลาว่างของฉัน ฉันถ่ายรูปอาหารของฉันและดอกไม้มากมาย

Sprechen Teil 2
Von sich erzählen

Beispiel 7: (Jugendliche)

ins Ausland reisen ไปเที่ยวต่างประเทศ

In meinen Ferien reise ich mit meinen Eltern ins Ausland.

(ในช่วงวันหยุดของฉัน ฉันไปเที่ยวต่างประเทศกับพ่อแม่)

besuchen / bleiben เยี่ยมชม / พัก

In meinen Herbstferien besuche ich meine Großeltern und bleibe viele Tage bei ihnen. (ในช่วง
วันหยุดฤดูใบไม้ร่วง ฉันจะไปเยี่ยมปู่ย่าตายายและอยู่กับพวกเขาเป็นเวลาหลายวัน)

Fremdsprachen lernen เรียนภาษาต่างประเทศ

In meinen Ferien lerne ich auch Fremdsprachen. Zum Beispiel lerne ich Englisch und
Koreanisch. (ในช่วงวันหยุดของฉัน ฉันยังได้เรียนภาษาต่างประเทศอีกด้วย ตัวอย่างเช่น ฉันกำลังเรียน
ภาษาอังกฤษและเกาหลี)

Minijob / Ferienjob งานมินิ / งานวันหยุด

Ich mache manchmal Minijob oder Ferienjob in den Sommerferien.

(บางครั้งฉันทำงานเล็กๆ หรืองานวันหยุดในช่วงวันหยุดฤดูร้อน)

Sprechen Teil 2
Von sich erzählen

Beispiel 8:

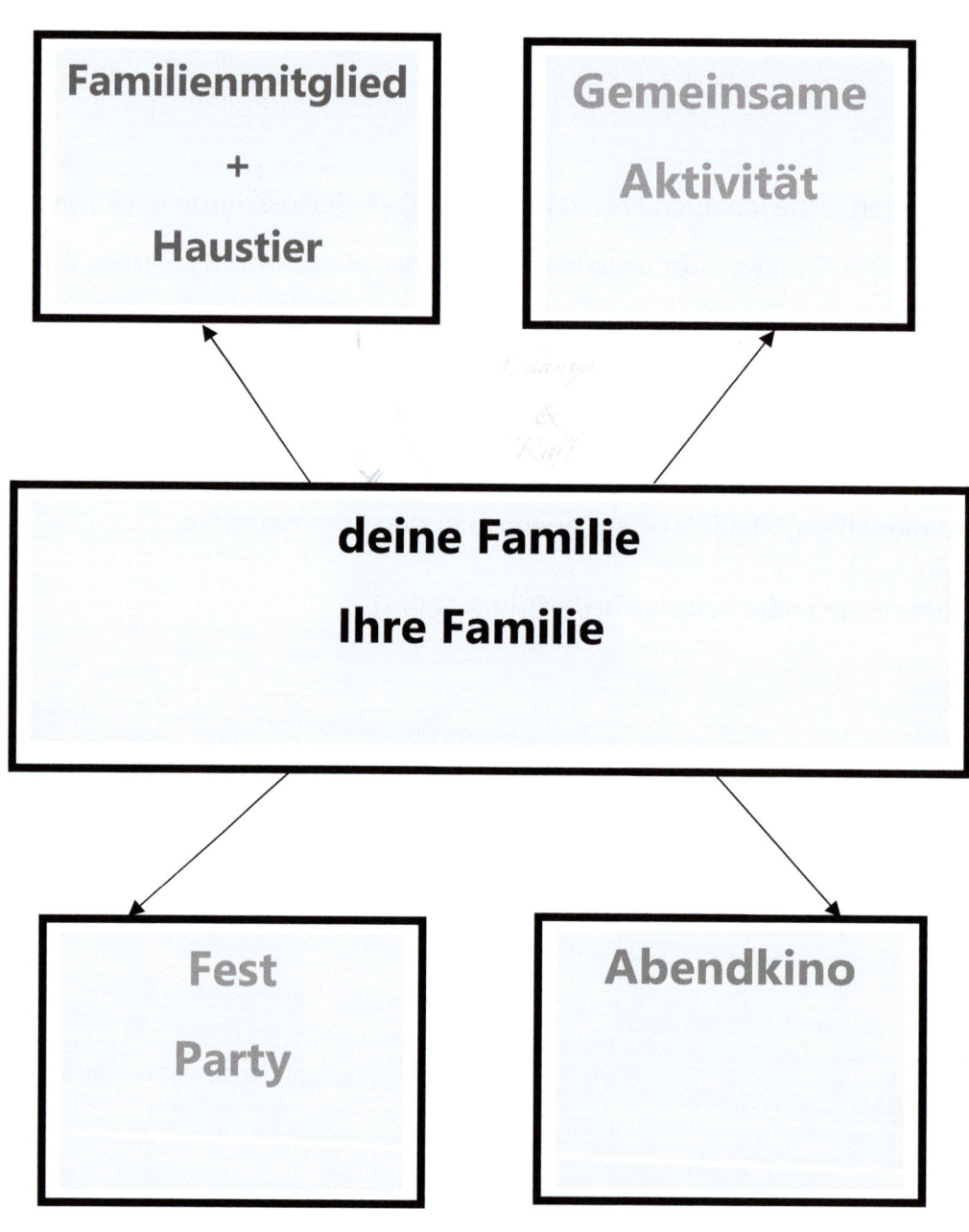

Familienmitglied สมาชิกในครอบครัว / Haustier สัตว์เลี้ยงในบ้าน

In meiner Familie **sind 3 Personen**. ในครอบครัวของฉันมีจำนวนคน 3 คน

Ich wohne mit meinem Mann und meiner Tochter in einem kleinen aber feinen Haus.

ฉันอศัยอยู่ กับสามีและลูกสาวของฉัน ในบ้านเล็กๆแต่น่าอยู่

Wir haben **eine süße Katze.** เรามีแมว หนึ่งตัว Ihr Name ist **Bela.** **เธอชื่อเบล่า**

Wir haben **einen süßen Hund.** เรามีสุนัข หนึ่งตัว Sein Name ist **Benny.** **เขาชื่อเบนี่**

Gemeinsame Aktivität / Aktivitäten กิจกรรมที่ทำร่วมกัน

Normalerweise spielen wir am Wochenende nach dem Abendessen zusammen Karten und Brettspiele. โดยปกตแล้ว ในวันหยุดสุดสัปดาห์ หลังทานอาหารเย็น พวกเราเล่นไพ่ หรือเล่นเกมส์ กระดาน กัน

das Fest / die Party

Wir machen nicht viele Partys. พวกเราไม่จัดปาร์ตี้กันมากนัก Wir feiern manchmal Geburtstagsfeier zusammen, Weihnachtsfest und auch Silvestertag oder Neujahrsfest. พวกเราฉลองวันเกิดด้วยกัน

ฉลองเทศกาลคริศมาสต์ และวันส่งท้ายปีเก่าต้อนรับปีใหม่ด้วยกัน

das Abendkino

Normalerweise gehen wir einmal im Monat zusammen ins Kino.

โดยปกติแล้ว พวกเราไปดูหนังด้วยกัน (ในโรงภาพยนต์) หนึ่งครั้งใน หนึ่งเดือน

Sprechen Teil 2
Von sich erzählen

Beispiel 9: (Jugendliche)

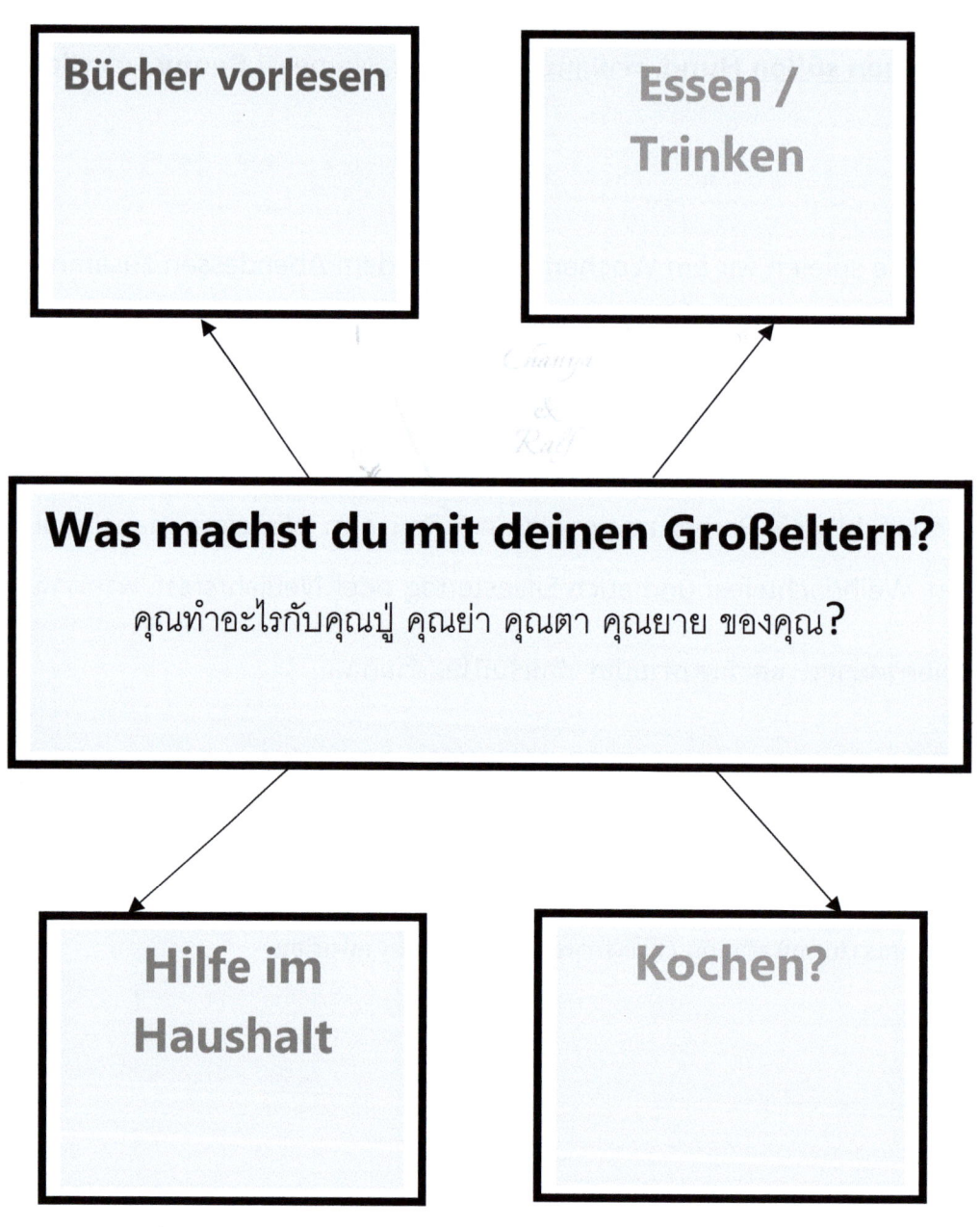

Bücher vorlesen

Essen / Trinken

Was machst du mit deinen Großeltern?

คุณทำอะไรกับคุณปู่ คุณย่า คุณตา คุณยาย ของคุณ?

Hilfe im Haushalt

Kochen?

Bücher vorlesen อ่านหนังสือ (แบบอกเสียง, อ่านหนังสือให้ฟัง)

Am Wochenende besuche ich meine Großeltern. ในวันหยุดสุดสัปดาห์ ฉันไปเยี่ยมคุณตาคุณยายของฉัน

Ich lese ihnen immer Bücher vor. ฉันอ่านหนังสือให้พวกเขาฟัง

kochen / Essen / Trinken

Abends kochen wir zusammen, wir essen gemeinsam zu Abend. Wir trinken gern Bier und Wein. ตอนเย็น เราทำอาหารด้วยกัน เราทานอาหารด้วยกัน พวกเราชอบดื่ม เบียร์และไวน์

Hilfe im Haushalt ช่วยงานในบ้าน

Nach dem Essen helfe ich meinen Großeltern, den Esstisch aufzuräumen und das Geschirr abzuwaschen. หลังอาหาร ฉันช่วยคุณตาคุณยาย เก็บกวาดโต๊ะอาหาร และล้างจาน

Ich helfe ihnen auch beim Putzen. ฉันช่วยพวกท่านถูบ้าน ด้วย

Sprechen Teil 2
Von sich erzählen

Beispiel 10: (Jugendliche)

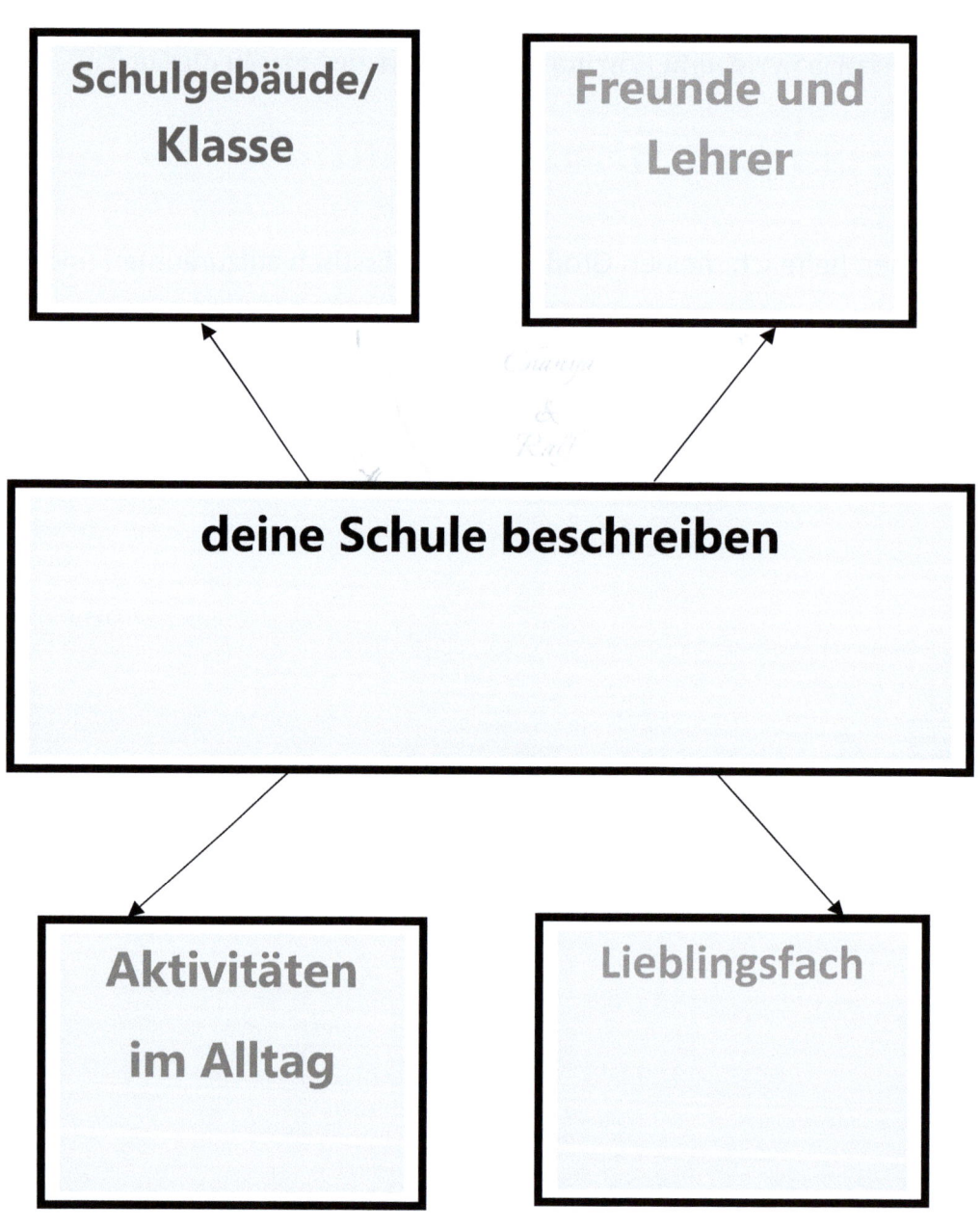

Schulgebäude/ Klasse ตึกเรียน / ห้องเรียน

Ich lerne in der ... Schule in der 10. Klasse. ฉันเรียนอยู่ที่โรงเรียน....(ชื่อโรงเรียน ในชั้น ม.4)

Es gibt 4 große Gebäude in meiner Schule. มีตึกใหญ่ๆ 4 ตึกในโรงเรียนของฉัน

Es gibt 6 Klassen in der Schule (von Klasse 7 bis Klasse 12). มีชั้นเรียน 6 ระดับ ม.1-ม. 6

Mein Klassenzimmer ist im **dritten Stock.** ห้องเรียนของฉัน อยู่บน **ชั้น สาม**

Freunde / Lehrer เพื่อนๆ / คุณครู

Ich habe 20 Schulkameraden. ฉันมีเพื่อนร่วมชั้นเรียน 20 คน

Mein Klassenlehrer ist Herr.... ครูประจำชั้นของฉันชื่อว่านาย.....

Meine Klassenlehrerin ist Frau...ครูประจำชั้นของฉันชื่อว่านาง.....

die Aktivitäten im Alltag กิจกรรมในแต่ละวัน

Wir lernen von 09 Uhr bis 15 Uhr. พวกเราเรียน จาก 9 โมง ถึง บ่ายสามโมง

Wir lernen Englisch, Chemie, Biologie, Religion, Kunst und Sport.

พวกเราเรียนวิชา ภาษาอังกฤษ, เคมี, ชีววิทยาศ ศาสนา, ศิลปะ และกีฬา

das Lieblingsfach วิชาโปรด

Mein Lieblingsfach ist Chemie. วิชาโปรดของฉันคือ เคมี

Teil 3 Gemeinsam etwas planen การวางแผนอะไรสักอย่างร่วมกัน (Aufgabenblatt mit 4 Leipunkten) (ใช้เวลา ประมาณ 3 นาที)

(วางแผนอะไรบางอย่างร่วมกัน กับเพื่อนอีกคน มีใบงานให้อ่าน และ หัวข้อที่จะต้องพูด

Gemeinsam etwas Planen. การวางแผน (อะไรสักอย่าง) ร่วมกัน

การพูดวางแผน สิ่งที่เราจะนำมา ใช้ในการพูดวางแผน มีส่วนประกอบดังนี้

1. ทักทายกัน

2. เข้าโจทย์

3. พูด แสดงความคิดเห็นของเรา พร้อมทั้งถามความคิดเห็น ของคู่สนทนา ให้ครบตามหัวข้อ ที่โจทย์กำหนด

1. Begrüßung (การทักทาย, ถามไถ่)
Hallo (สวัสดี)Guten Morgen (สวัสดีตอนเช้า)   Guten Tag (สวัสดีตอนกลางวัน)
Guten Abend (สวัสดีตอนเย็น)   Gute Nacht (ราตรีสวัสดิ์)
Wie geht es dir?   (คุณสบายดีนะ)
ซึ่งเราจะตอบ mir geht es gut danke, und dir?   (ฉันสบายดี แล้วคุณล่ะสบายดีไหม)

2: เข้าโจทย์ โดยการทบทวนโจทย์

โดย การเปลี่ยน คำว่า **Sie** เป็น **wir**

Ihr เป็น **unser** ; **Ihrem** เป็น **unserem** ; **Ihren** เป็น **unseren**

Beispiel: ลองดูตามตัวอย่าง นะคะ

<u>Sie</u> möchten **ein Geburtstagsgeschenk** für <u>Ihren</u> Freund (Peter) kaufen.

Finden **Sie einen Termin!**

เข้าโจทย์ โดยการทบทวนโจทย์:

A: **Weißt du was?, wir** möchten **ein Geburtstagsgeschenk** für <u>unseren</u> Freund (Peter) kaufen.

Finden **wir einen Termin!**

(นี่เธอรู้ ไหม <u>**พวกเรา**</u> พวกเราต้องการซื้อของขวัญวันเกิดให้เพื่อนของเรา (ปีเตอร์) มาหาตารางนัดที่จะไปซื้อกันเถอะ

3.พูดตามด้วยประโยคนี้ ในทุกๆการวางแผน

   *** **Kannst du mir bitte helfen einen Plan zu machen.**   (คุณช่วยฉันวางแผนได้ไหม)***

4.พูด แสดงความคิดเห็นของเรา พร้อมทั้งถามความคิดเห็น ของคู่สนทนา ให้ครบตามหัวข้อ ที่โจทย์กำหนด

Wenn du Lust hast, könnten wir....... machen? (ถ้าคุณมีอารมณ์ หมายถึงถ้าคุณอยากทำ หรือชอบ เรามา ทำ.(กิจกรรม).....กันดีไหม

ยกตัวอย่าง Wenn du Lust hast, könnten wir einen Ausflug machen? (ถ้าคุณอยากทำ เรามาไปเที่ยวแถวใกล้ๆกันไหม)

Ich habe einen Vorschlag. (ฉันมีข้อเสนอแนะ)

Ich denke, wir sollten......machen. (ฉันคิดว่า, เราควร จะทำ..(กิจกรรม)....... กัน.)

Ich habe eine Idee. Ich denke, wir sollten......machen. Was denkst du? ฉันมีความคิดดีๆ แปลง่ายๆฉันคิดออกแล้ว ,
ฉันคิดว่า เราควร จะทำ..(กิจกรรม)....... กัน. คุณคิดว่ายังไง ดีหรือไม่ดี (ตรงช่องว่าง เติม คำนามสิ่งที่เราอยากทำ เช่น eine
Party, einen Ausflug

3.Fragen. (ถามความคิดเห็น ของคู่สนทนา)

Was denkst du?	คุณว่าอย่างไร เห็นด้วย หรือไม่	Was meinst du?	คุณคิดเห็นอย่างไร
Wie findest du?	คุณรู้สึกอย่างไร ดี ไม่ดี	Was sagst du dazu?	คุณจะว่ายังไง

4.1 Zusagen ยอมรับ, ตกลง, สัญญา (ตกลงตามนั้น เห็นดีด้วย)
: ใช้ตอบคำถาม ที่เรา ตอบตกลง หรือ เห็นด้วย

Ich stimme dir zu.	ฉันเห็นด้วยกับคุณ	Es ist eine gute Idee.	มันเป็นความคิดที่ดี
Das gefällt mir.	ฉันชอบแบบนั้น	Ich mag das.	ฉันชอบแบบนั้น
Du hast recht.	คุณพูดถูกต้องแล้ว		
Klasse เยี่ยมเลย,Prima ,super สุดยอด, Toll! ยอดเยี่ยม		Du hast Recht.	คุณพูดถูกแล้ว

4.2 Absagen ยกเลิก, ไม่ตกลง , ไม่เห็นด้วย   ใช้ตอบคำถามที่เรา ตอบ ปฏิเสธ

Ich stimme dir nicht zu.	ฉันไม่เห็นด้วยกับคุณ	Es ist keine gute Idee.	มันไม่เป็นความคิดที่ดี
Ich kann dir nicht zu stimmen.	ฉันไม่เห็นด้วยกับคุณ		
Das gefällt mir nicht.	ฉันไม่ชอบแบบนั้น	Nein, leider nicht.	ไม่อ่ะ, เสียใจด้วยนะ

5.Abschiedsgruß = การกล่าวลา

Bis bald.	ไว้เจอกันใหม่	Bis gleich.	เจอกันใหม่เร็วๆนี้
Bis nächste Woche. เจอกันใหม่สัปดาห์หน้า		Tschüss บายๆ Auf Wiedersehen .	แล้วเจอกันอีกนะ

ดูวีดีโอการสอนของครูปู ที่อธิบายเพิ่มเติมได้นะคะ สแกน QR โค้ดเพื่อชมวีดีโอได้เลยค่ะ

Beispiel 1: **Sie** möchten **ein Geburtstagsgeschenk** für **Ihren** Freund (Peter) kaufen.

คุณต้องการซื้อของขวัญวันเกิดให้เพื่อนของคุณ (ปีเตอร์)

Finden Sie **einen Termin!** หาตารางนัดหมาย (เมื่อไหร่จะมีเวลาว่างตรงกัน, จะซื้ออะไรเป็นของขวัญ)

Mein Tagesablauf am Donnerstag 11.11.11

A:

Uhrzeit	Aktivitäten
06:00	
07:00	
08:00	
09:00	Frühstück mit Max in der Bäckerei
10:00	
11:00	Friseursalon / Haare schneiden
12:00	
13:00	
14:00	
15:00	Mit dem Hund nach draußen
16:00	ins Schwimmbad gehen
17:00	Abendessen bei Eltern
18:00	Fernsehen
19:00	

A:

B:

Uhrzeit	Aktivitäten
06:00	lange schlafen
07:00	
08:00	
09:00	bei der Bank
10:00	Sport treiben
11:00	Großeltern besuchen
12:00	Fernsehen
13:00	Besuch von Jasmin
14:00	
15:00	Mit dem Hund nach draußen
16:00	Fußball trainieren
17:00	
18:00	ins Kino gehen
19:00	Abendessen bei Yada

A: Hallo B: Hallo

A: Wie geht es dir? คุณสบายดีมั้ย

B: Mir geht es gut, danke und dir? ฉันสบายดี แล้วคุณหล่ะ.

A: Ja, mir geht es auch gut, danke. ใช่, ฉันสบายดีเช่นกัน, ขอบคุณ

A: Weißt du was, **wir** sollten ein Geburtstagsgeschenk für **unseren** Freund (Peter) kaufen. นี่เธอรู้มั้ย, พวกเราควารจะ ซื้อของขวัญให้เพื่อนของเรา (ปีเตอร์)

A: **Am Donnerstag** von **6 Uhr bis 8 Uhr** habe ich Zeit.

วันพฤหัสบดี จากเวลา 6 โมงถึง 8 โมง ฉันมีเวลา

Hast du auch Zeit? เธอหล่ะมีเวลาหรือเปล่า

B: Nein, leider nicht. Ich muss lange schlafen. ไม่, น่าเสียดายจัง ฉันต้องนอน (ยังไม่ตื่นนอน)

A: Ich habe um 10 Uhr Zeit. Hast du Zeit, um 10 Uhr? ตอน 10 โมงฉันมีเวลานะ เธอหล่ะ

B: Nein, leider nicht. Ich muss Sport treiben. ไม่, ฉันต้อง เล่นกีฬา(ออกกำลังกาย)

A: Hast du um 12 Uhr Zeit? ตอน เที่ยงเธอมีเวลามั้ย.

B: Nein, leider nicht. Ich muss fernsehen. ไม่, น่าเสียดายฉันต้องดูทีวี

A: Hast du um 13 Uhr Zeit? แล้วบ่ายโมงหล่ะ เธอมีเวลามั้ย.

B: Nein, leider nicht. Jasmin besucht mich um 13 Uhr. ไม่ , จัสมิน มาเยี่ยมฉัน

A: Ich habe um 14 Uhr Zeit. ฉันมีเวลาตอน บ่ายสองโมง.

Hast du um 14 Uhr Zeit? เธอมีเวลามั้ย

B: Ja habe ich Zeit. ใช่, ฉันมีเวลา

A: Gut, dann können wir um 14 Uhr im Einkaufzentrum treffen. ดีเลยงั้นเราไปห้างสรรพสินค้าตอนบ้ายสอง นะ

Ich denke, wir sollten **eine schöne Jacke** für Peter kaufen. ฉันคิดว่าเราซื้อแจ็คเก็ตให้ปีเตอร์

Was denkst du? เธอคิดเห็นยังไง

B: Ich stimme dir zu. Wir treffen uns um 14 Uhr im Einkaufzentrum. ฉันเห็นด้วยกับคุณ เราพบกันเวลาบ่ายสองที่ห้างสรรพสินค้านะ.

Bis bald. แล้วเจอกัน

ดูวีดีโอการสอนของครูปู ที่อธิบายเพิ่มเติมได้นะคะ สแกน QR โค้ดเพื่อชมวีดีโอได้เลยค่ะ

Sprechen Teil 3: Sprechen Teil 3: Gemeinsam etwas planen.

Beispiel 2:

Ihr Deutschkurs ist zu Ende. Sie möchten eine Abschlussparty organisieren.

Planen Sie, was möchten Sie tun?

A:

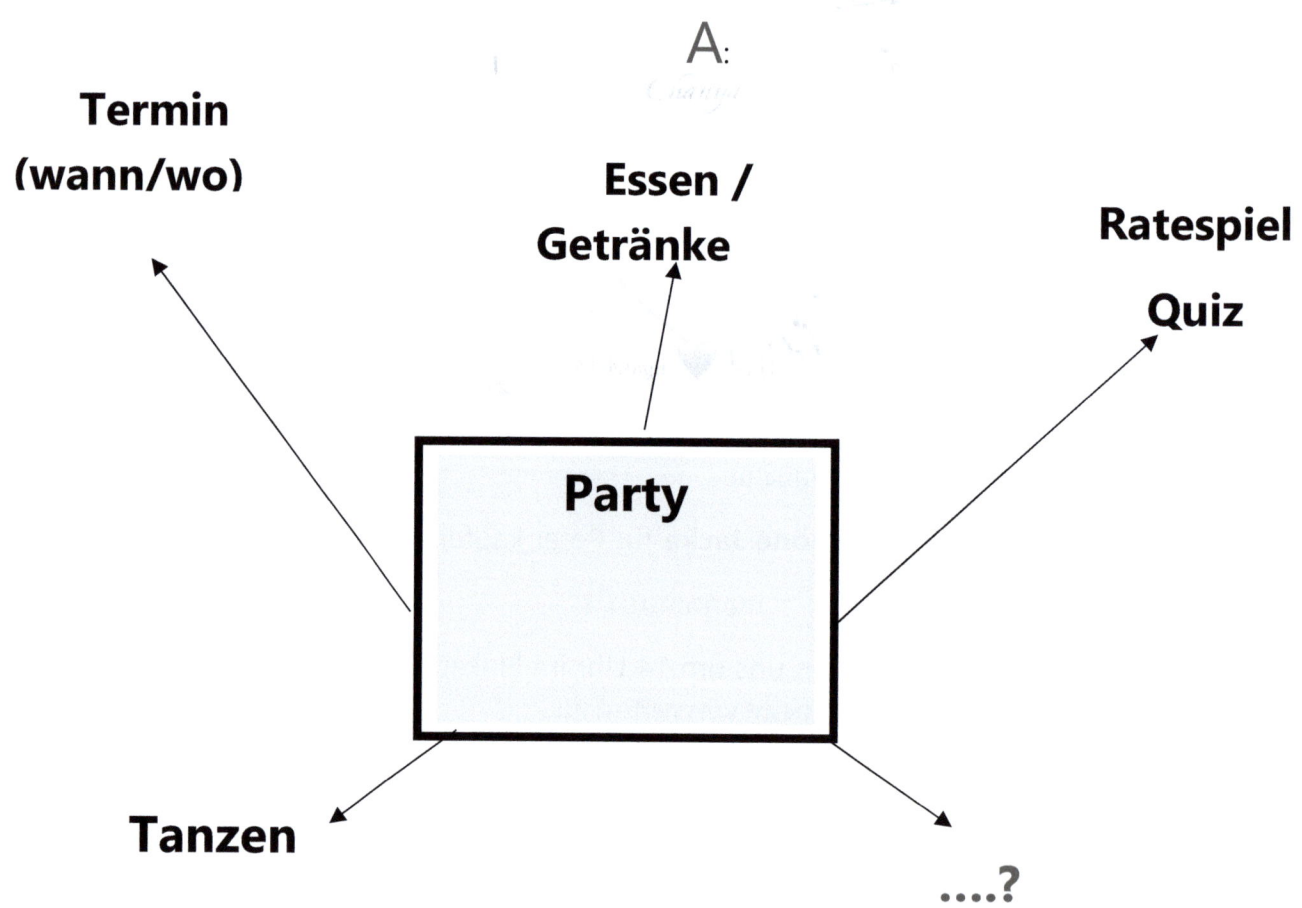

B:

Fotos / Kamera

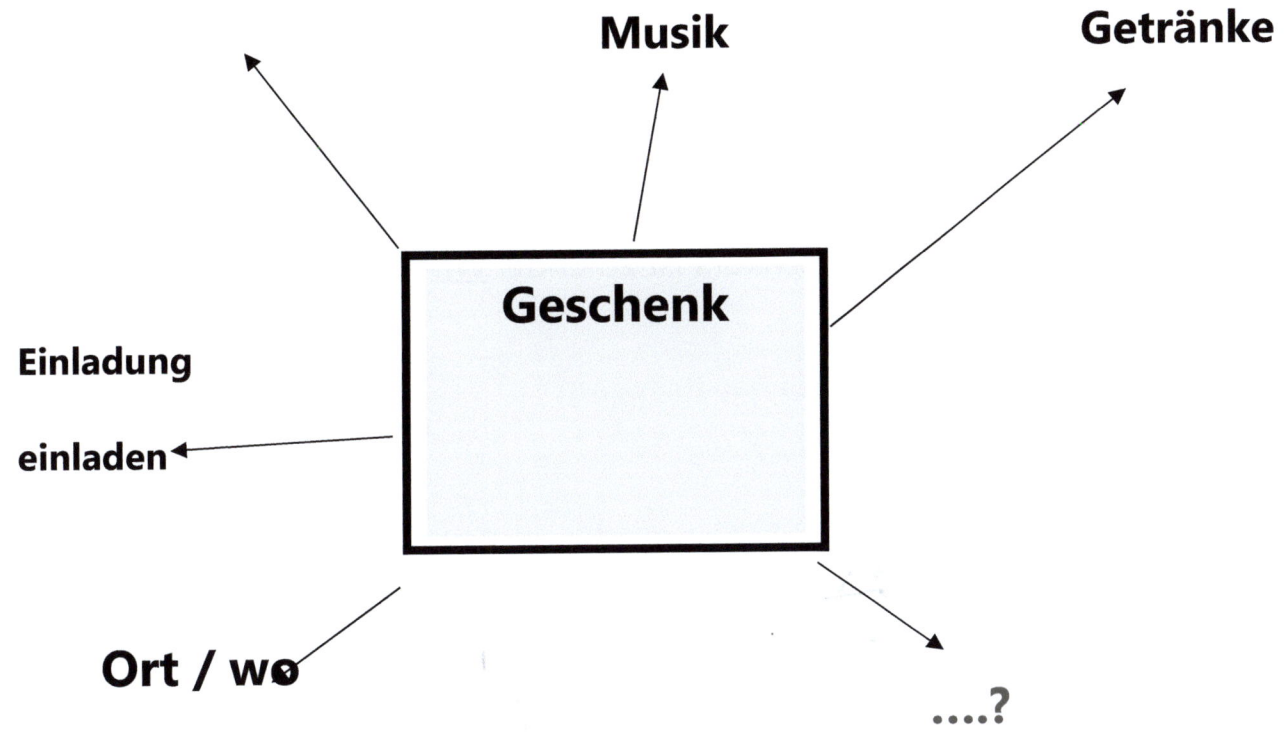

Musik

Getränke

Geschenk

Einladung

einladen

Ort / wo

....?

A: Hallo .....   B. Hallo.....

A: Wie geht es dir?

B: Mir geht es gut, danke und dir?

A: Ja, mir geht es auch gut, danke.

A: Weißt du was, <u>unser</u> Deutschkurs ist zu Ende. <u>Wir</u> möchten eine <u>Abschlussparty</u> organisieren.

(Kannst du mir bitte helfen, einen Plan zu machen?)

B: Ja, ich helfe dir gern.

A: Ich denke, wir sollten am <u>Samstag von 18 Uhr bis ca. 20 Uhr im Restaurant ABC</u> die Party machen.

A: Was denkst du? Hast du eine andere Idee?

B: Ich stimme dir zu. Es ist eine gute Idee.

B: Ich denke, wir sollten <u>Pizza, Salat und Steak</u> essen. Wir sollten <u>Wasser und Saft</u> trinken.

B: Was denkst du? Hast du eine andere Idee?

A: Ich stimme dir zu. Es ist eine gute Idee.

Ich denke, wir sollten ein Spiel auch spielen.

Vielleicht können wir Quiz ..... (Karte, Ratespiel) spielen.

Was denkst du?

B: Ich stimme <u>dir nicht</u> zu. Ich denke, wir <u>brauchen kein Spiel</u>.

B: Ich möchte Karaoke mitbringen, dann können wir nach dem Abendessen singen und tanzen.

  (Ich möchte Karaoke und CDs mitbringen, dann können wir zusammen tanzen und Musik hören.)

B: Was denkst du?

A: Ich stimme dir zu. Es ist eine gute Idee.

A: Ich möchte <u>eine Kamera</u> mitbringen.

Dann können wir viele <u>Fotos zusammen</u> machen.

A: Was denkst du?

B: Ich stimme dir zu. Es ist eine gute Idee.

B: Ich denke, wir sollten unsere <u>Lehrer und unsere Familien einladen.</u>

Was denkst du?

A: Ich stimme dir zu. Es ist super Idee.

Dann machen wir das.

A: Ich möchte <u>eine Kamera</u> mitbringen.

Dann können wir viele <u>Fotos zusammen</u> machen.

A: Was denkst du?

Beispiel 3. eine Abschlussparty machen (จัดงานปาร์ตี้ เรียบจบ)

Ihr Deutschkurs ist zu Ende. Sie möchten eine Abschlussparty machen.

คอร์เรียนภาษาเยอรมันของคุณจบลงแล้ว คุณต้องการจัดงานเลี้ยงฉลองเรียนจบ

Was möchten Sie organisieren?   คุณต้องการเตรียมการอย่างไร

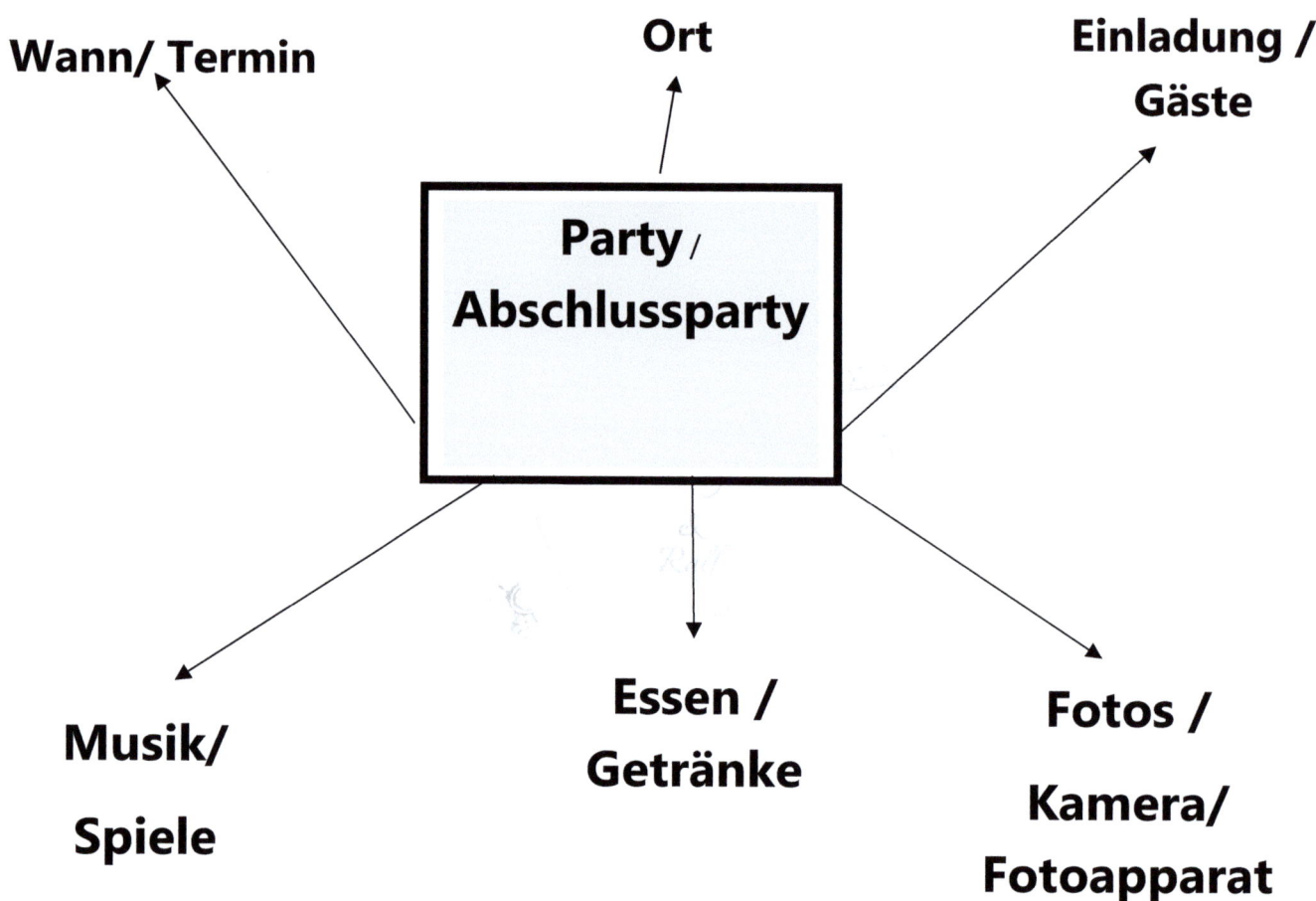

Wann/ Termin

Ort

Einladung / Gäste

Party / Abschlussparty

Musik/ Spiele

Essen / Getränke

Fotos / Kamera/ Fotoapparat

1. Wann? Termin
   เมื่อไหร่

2. Wo/ Ort?   ที่ไหน

3. Einladung /   Gäste?   เชิญใคร

4. Fotos / Kamera/ Fotoapparat   กล้อง   ถ่ายภาพ

5. Getränke / Essen, die Verpflegung, Speise ? เครื่องดื่ม / อาหาร ของกิน

6. Musik/ Spiele?   ดนตรี/เล่นเกมส์

A: Hallo B: Hallo

A: Wie geht es dir? คุณสบายดีมั้ย

B: Mir geht es gut, danke und dir? ฉันสบายดี แล้วคุณหล่ะ

A: Ja, mir geht es auch gut, danke. ใช่,ฉันสบายดีเช่นกัน, ขอบคุณ

A: Weißt du was, unser Deutschkurs ist zu Ende. นี่เธอรู้มั้ย คอร์สเรียนภาษาของเราจบแล้ว

Wir möchten eine Abschlussparty machen. พวกเราต้องการฉลองเรียนจบ

A: Kannst du mir bitte helfen, einen Plan zu machen. คุณช่วยฉันวางแผนหน่อยได้มั้ย

B: Ja, ich denke , ich kann dir helfen. B: Wo und wann soll die Feier stattfinden?

ใช่, ฉันยินดีช่วยเหลือ เราควรจัดปาร์ตี้ที่ไหน และเมื่อไหร่

A: Ich denke, wir sollten die Abschlussparty **am Samstag** von **18.00 Uhr bis 20.00** Uhr **in unserer Sprachschule** feiern. ฉันคิดว่าเราควรจัดปาร์ตี้ วันเสาร์ จาก 18 ถึง 20 น.

A: Was denkst du? Hast du eine andere Idee? คุณคิดเห็นยังไง คุณมีความคิดอื่นๆมั้ย.

B: Ich stimme dir zu. Ich denke, es ist eine gute Idee. ฉันเห้นด้วยกับคุณ ฉันคิดว่ามันเป็นความคิดที่ดี.

B: Was sollten wir **essen** und **trinken**? เราควรจะดื่ม จะกินอะไรกันบ้าง.

A: Ich möchte **thailändische Gerichte** zubereiten. ฉันจะเตรียมอาหารไทย

Kannst du bitte **Getränke** zum Beispiel: Cola, Wasser und Orangensaft im Supermarkt kaufen? คุณช่วยไปซื้อ เครื่องดื่ม อย่างเช่น โคล่า แฟนต้า น้ำส้ม ในซุปเปอร์มาร์เก็ตได้มั้ย.

B: Ja, ich werde **Getränke** für uns **vorbereiten**. ด็, ฉันจะเตีรยมเครื่องดื่มเอง

B: Sollen wir auch etwas zusammen **spielen**? พวกเราควรเล่นอะไร ด้วยมั้ย.

A: Ich denke, wir brauchen keine **Spiele.** ฉันคิดว่าเราไม่จำเป็นต้องเล่นอะไรกัน

A: Ich denke, wir können **Musik**, Mikrofone und Karaoke mitbringen, nach dem Essen können wir zusammen singen und tanzen. Was denkst du? ฉันคิดว่า, ฉันจะเอา ดนตรี ไมโครโฟน และคาราโอเกะ มาด้วย, หลังอาหารเย็นเราจะได้ ร้องเพลง และเต้นรำด้วยกัน คุณคิดยังไง

B: Ich stimme dir zu. Ich denke, es ist eine gute Idee. ฉันเห็นด้วยกับคุณ. ฉันคิดว่ามันเป็นความคิดที่ดี

A: Ich denke, wir sollten unsere Lehrer und unsere Familien **einladen**. ฉันคิดว่าเราควรเชิญ ครู และครอบครัวพวกรามาด้วย.

A: Ich möchte auch **eine Kamera** mitbringen, dann können wir viele **Fotos** machen. ฉันจะเอากล้องมาด้วย เราจะได้ถ่ายภาพด้วยกัน เยอะๆ.

A: Was denkst du? Hast du eine gute Idee? คุณคิดเห็นยังไง

B: **Ich stimme dir zu.** Ich denke, es ist ein guter Plan. ฉันเห็นด้วยกับคุณ ฉันคิดว่ามันเป็นแผนที่ดี

A: So machen wir das.งั้นเราทำตามนี้ นะ

Beispiel 4. Grillen (ทำบาร์บีคิวปิ้งย่าง)

Sie beide möchten mit Ihren Teilnehmern vom Deutschkurs am Wochenende zusammen **grillen.**

พวกคุณทั้งสองคนต้องการ ร่วมกับเพื่อนๆ จากคอร์เรียนภาษาเยอรมัน **ทำบาร์บีคิวปิ้งย่าง**ในวันหยุดสุดสัปดาห์ กัน

Was möchten Sie organisieren?   คุณต้องการเตรียมการอย่างไร

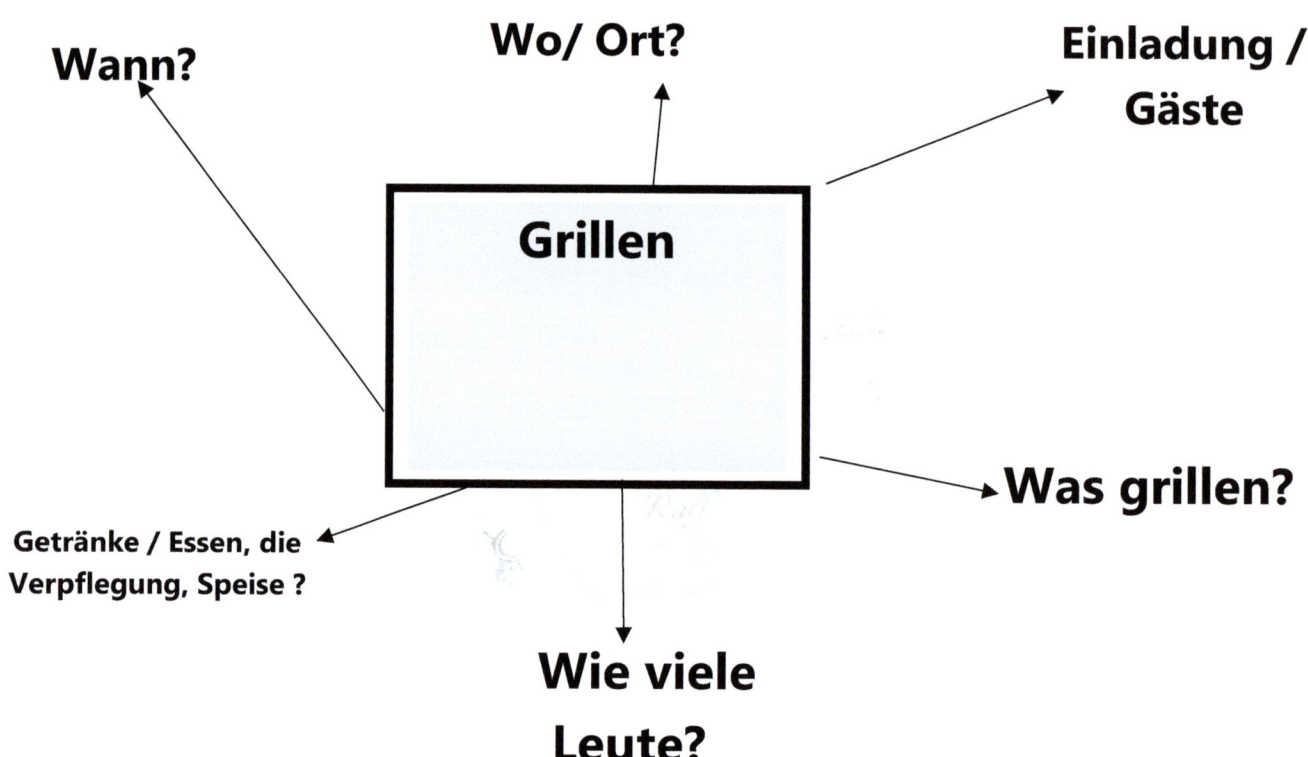

1. Wann?   เมื่อไหร่

2. Wo/ Ort?   ที่ไหน

3. Einladung   เชิญใคร

4. Wie viele Leute?/ Wie viele Gäste?   จำนวนคนกี่คน / แขกกี่คน

5. Getränke / Essen, die Verpflegung, Speise ?   เครื่องดื่ม / อาหาร ของกิน

6. Was grillen?   ปิ้งย่าง อะไรบ้าง

A: Hallo B: Hallo

A: Wie geht es dir? คุณสบายดีมั้ย

B: Mir geht es gut danke und dir? ฉันสบายดี แล้วคุณหล่ะ

A: Ja, mir geht es auch gut, danke. ใช่,ฉันสบายดีเช่นกัน, ขอบคุณ

A:Weißt du was, wir beide möchten mit unseren Teilnehmern vom Deutschkurs am Wochenende zusammen grillen. นี่เธอรู้มั้ย, พวกเราสองคนกับเพื่อนร่วมชั้นเรียนภาษาเยอรมัน ต้องการจะทำบาร์บีคิวในวันหยุดสุดสัปดาห์ ร่วมกัน

A: Kannst du mir bitte helfen einen Plan zu machen. (คุณช่วยฉันวางแผนได้ไหม)

B: Ja, ich helfe dir gern. ใช่ ฉันยินดีที่จะช่วยคุณ B: Wo und wann sollten wir grillen? เมื่อไหร่และที่ไหนที่เราจะทำบาร์บีคิวกัน

A: Ich schalge vor. W ir sollen am Samstag von 16 Uhr bis 17 Uhr in meinem Garten grillen.

ฉันเสนอความคิดเห็นว่า, พวกเราควรจะ ทำบาร์บีคิวในวันเสาร์ เวลา 4 โมงเย็น ถึง 5 โมงเย็น

A: Was denkst du darüber? (คุณคิดเห็นยังไง) Hast du eine andere Idee? (คุณมีความเห็นอย่างอื่นมั้ย)

B: Ich stime dir zu. Ich denke, es ist eine gute Idee. ฉันเห็นด้วยกับคุณ. ฉันคิดว่ามันเป็นความคิดที่ดี

B: Was sollten wir grillen? เราควรจะย่างอะไรบ้าง

A: Ich denke, wir sollten Schweinefleisch, Rindfleisch, Fisch und etwas Gemüse wie Pilz Zucchini, Zwiebel und Kürbis grillen. (ฉันคิดว่า พวกเราควรย่าง เนื้อหมู, เนื้อวัว, ปลา, และผักบางส่วน เช่น เห็ด, บวบ หัวหอม และ ฟักทอง

A: Was denkst du darüber? (คุณคิดเห็นยังไง) Hast du eine andere Idee? (คุณมีความเห็นอย่างอื่นมั้ย)

B: Ich stime dir zu. Ich denke, es ist eine gute Idee. ฉันเห็นด้วยกับคุณ. ฉันคิดว่ามันเป็นความคิดที่ดี

B: Wie viele Leute sollten wir einladen? เราควรเชิญ (ชวน)คนกี่คน

A: Ich denke, wir sollten 5 freunde und ihre kinder einladen. ฉันคิดว่าเราชวนเพื่อเรา 5 คนและลูกๆของพวกเขา

A: Was denkst du darüber? (คุณคิดเห็นยังไง) Hast du eine andere Idee? (คุณมีความเห็นอย่างอื่นมั้ย)

B: Was sollen wir noch essen und trinken? เราควรจะทาน หรือ ดื่มอะไรอีกบ้าง

A: Ich werde Kekse, Salat, Wasser, Bier und Saft für uns zubereiten. ฉันจะเตรียม คุ้กกี้, สลัด น้ำ , เบียร์ และน้ำผลไม้ ไว้ให้พวกเรา

Da wir eine schöne Katze haben, werde ich etwas Futter für sie kaufen. เรามีแมว 1 ตัว ฉันจะซื้ออาหารแมว มาให้เค้าด้วย

A: Was denkst du darüber? (คุณคิดเห็นยังไง) Hast du eine andere Idee? (คุณมีความเห็นอย่างอื่นมั้ย)

B: Ich stime dir zu. Ich denke, es ist eine gute Idee. ฉันเห็นด้วยกับคุณ. ฉันคิดว่ามันเป็นความคิดที่ดี

A: So machen wir das. งั้นเราทำตามนี้แล้วกัน

Beispiel 5. Thema Renovieren (ปรับปรุง, ต่อเติม)

Eine Mitschülerin (Lenie) von <u>Ihnen</u> renoviert ihre Wohnung.

<u>Sie</u> möchten ihr helfen.

(เพื่อนร่วมชั้นเรียนของคุณ(ผู้หญิง) (Maria) ปรับปรุงต่อเติมบ้านของหล่อน. คุณต้องการช่วยหล่อน)

Was möchten Sie organisieren?   (คุณต้องการเตรียมการอย่างไร)

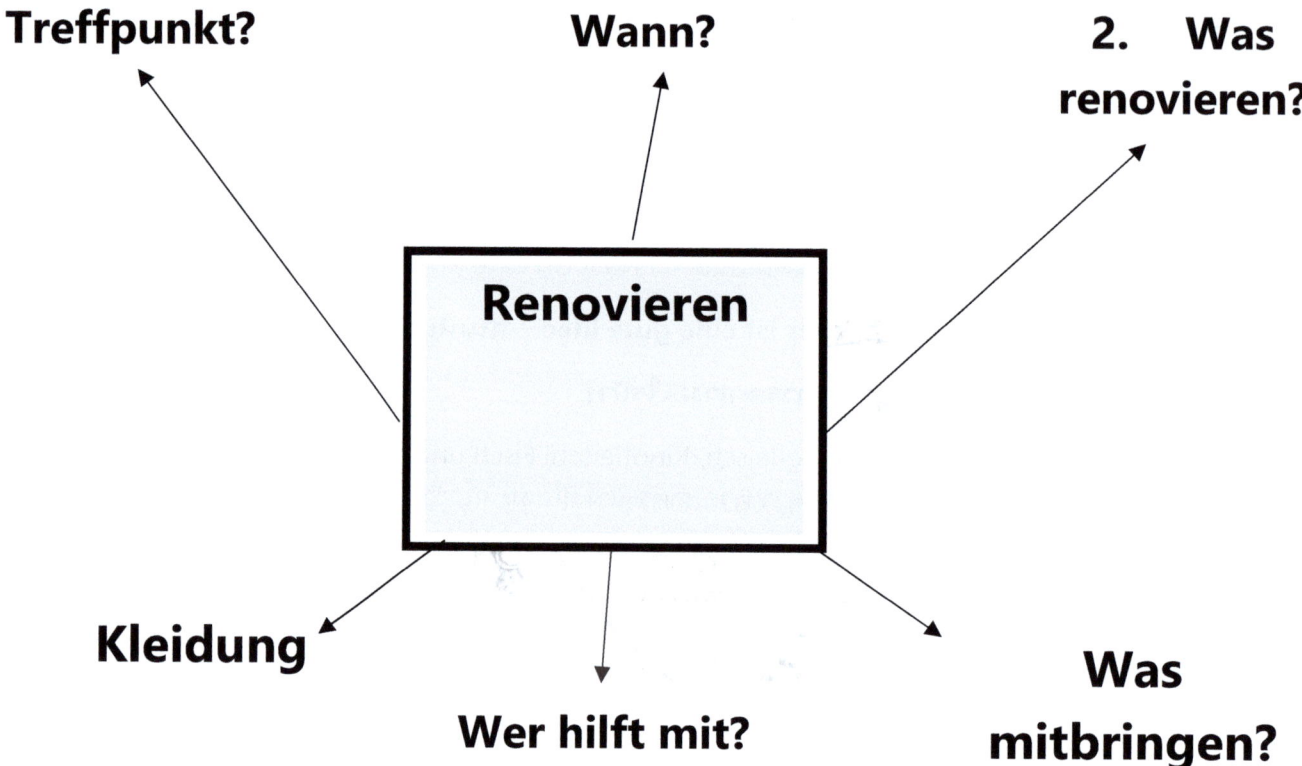

Treffpunkt?   **Wann?**   2. **Was renovieren?**

Renovieren

Kleidung

Wer hilft mit?   **Was mitbringen?**

1. Wann?   เมื่อไหร่

2. Was renovieren?   ปรับปรุง แต่งเติม อะไรบ้าง

3. Was mitbringen?   เอาอะไรไปด้วยบ้าง

4. Treffpunkt?   จุดนัดพบ

5. Wer hilft mit?   ใครช่วยทำอะไรบ้าง

6. Kleidung   เสื้อผ้า

A: Hallo B: Hallo

A: Wie geht es dir? คุณสบายดีมั้ย

B: Mir geht es gut danke und dir? ฉันสบายดี แล้วคุณหล่ะ

A: Ja, mir geht es auch gut, danke. ใช่,ฉันสบายดีเช่นกัน, ขอบคุณ

A:Weißt du was, eine Mitschülerin (Lenie) von **uns** renoviert ihre Wohnung. **Wir** möchten ihr helfen. นี่เธอรู้มั้ย, เลนี่ เพื่อนของพวกเรา จะปรับปรุงห้องพักของเธอ พวกเราต้องการจะช่วยเธอ

A: Kannst du mir bitte helfen einen Plan zu machen. (คุณช่วยฉันวางแผนได้ไหม)

B: Ja, ich helfe dir gern. ใช่ ฉันยินดีที่จะช่วยคุณ

B: Wann sollten wir ihr helfen? เมื่อไหร่ที่พวกเราควรไปช่วยหล่อน

A: Ich denke, wir sollten am Samstag von 9 Uhr bis 16 Uhr bei der Renoveirung helfen.

(ฉันคิดว่าพวกเราควรไปช่วยหล่อน ช่วง 9 โมง ถึง สี่โมงเย็น ในการปรับปรุงห้องพัก

A: Was denkst du darüber? (คุณคิดเห็นยังไง) Hast du eine andere Idee? (คุณมีความเห็นอย่างอื่นมั้ย)

B: Ich stimme dir zu. Ich denke, es ist eine gute Idee. B: Wie sollten wir ihr helfen?

ฉันเห็นด้วยกับคุณ ,ฉันคิดว่ามันเป็นความคิดที่ดี พวกเราจะช่วยฌะอได้อย่างไรบ้าง

A: Ich denke, wir sollten zuerst die alten möbel ausräumen, dann könnten wir die streichen oder tapezieren. ฉันคิดว่า, ตอนแรกเราต้องเอาเฟอร์เก่า ออก, แล้วเราก็ทาสีผนัง หรือติด วอลเปเปอร์
A: Was denkst du darüber? (คุณคิดเห็นยังไง) Hast du eine andere Idee? (คุณมีความเห็นอย่างอื่นมั้ย)

B: Ich denke, es ist eine gute Idee. ฉันคิดว่ามันเป็นความคิดที่ดี

A. Wir sollten Werkzeuge wie Hammer, Malpinsel und Tapetentisch mitbringen. พวกเราควรจะเอาเครื่องมือเช่น ฆ้อนตีตะปู, แปรงทาสี และโต๊ะสำหรับตัดวอลเปเปอร์ ไปด้วย Ich denke, wir sollten auch Arbeitskleidung mitbringen. ฉันคิดว่า, พวกเราควรเอาชุดทำงานไปใส่ด้วย
A: Was denkst du darüber? (คุณคิดเห็นยังไง) Hast du eine andere Idee? (คุณมีความเห็นอย่างอื่นมั้ย)

B: Ich stimme dir zu. Ich denke, es ist eine gute Idee. ฉันเห็นด้วยกับคุณ ,ฉันคิดว่ามันเป็นความคิดที่ดี
B: Wer sollt uns noch helfen ? ใครจะมาช่วยเราได้อีกบ้าง

A: Ich denke, mein Mann und meine Tochter können uns helfen. ฉันคิดว่า สามีและลูกสาวของฉันมาช่วยได้

Am Samstag um 08.30 Uhr werde ich dich bei dir zu Hause abholen.

(วันเสาร์ เวลา 08.30 น. ฉันจะไปรับคุณที่บ้าน)

A: Was denkst du? Hast du eine gute Idee?

B: **Ich stimme dir zu.** Ich denke, es ist ein guter Plan. ฉันเห็นด้วยกับคุณ ฉันคิดว่ามันเป็นแผนที่ดี
A: So machen wir das. งั้นเราทำตามนี้ นะ

Beispiel 6. einen Bekannten besuchen (ไปเยี่ยมคนรู้จัก)

Ein gemeinsamer Bekannter hat Fieber. Er lebt allein. <u>Sie</u> wollen ihm helfen und Tipps geben. (เพื่อนร่วมชั้น(ผู้ชาย)ของคุณคนหนึ่งป่วย/มีไข้ และเขาอยู่บ้านคนเดียว คุณต้องการช่วยเขา และให้คำแนะนำแก่เขา)

Was möchten Sie organisieren? (คุณต้องการเตรียมการอย่างไร)

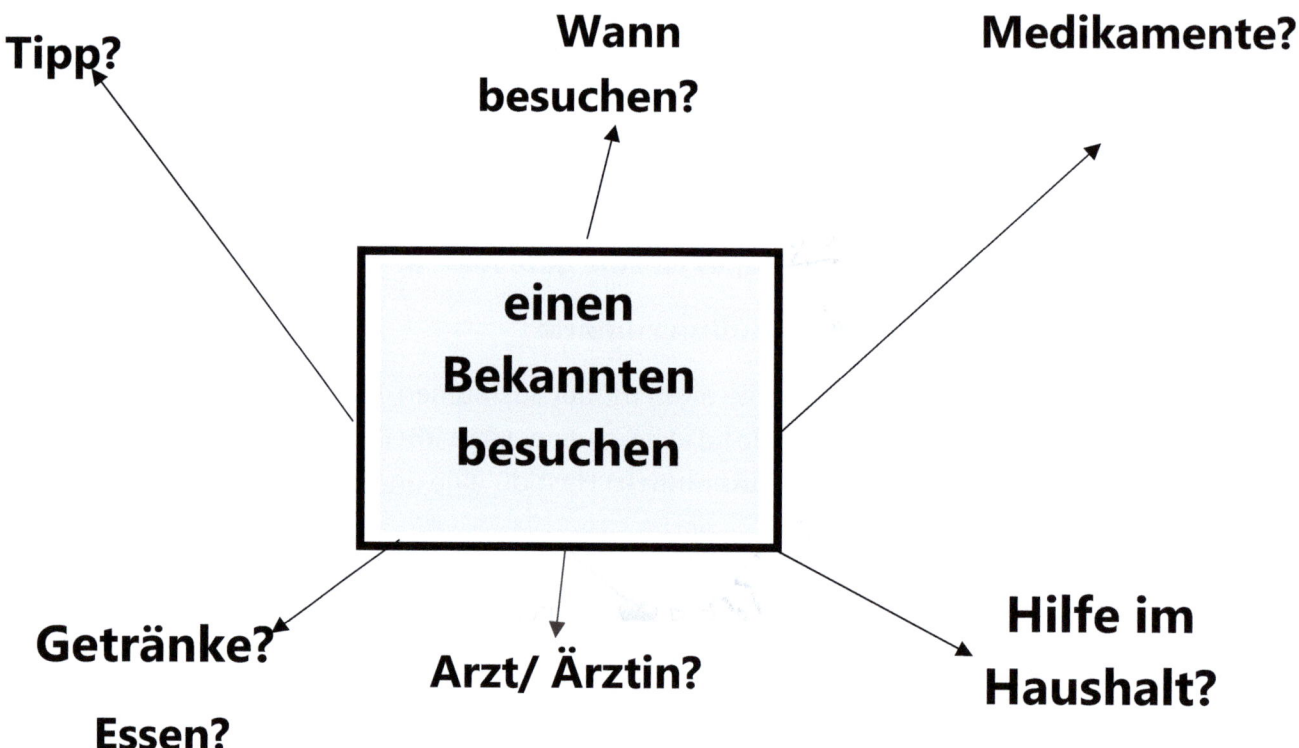

1.Arzt/ Ärztin?   แพทย์/ แพทย์หญิง

2.Medikamente?   ยารักษาโรค

3.Hilfe im Haushalt?   ช่วยงานบ้านเขา

4.Essen   อาหาร

5. Getränke ?   เครื่องดื่ม

6. Tipp ?   คำแนะนำ/ เคล็ดลับ

A: Hallo ..... B. Hallo.....
A: Wie geht es dir? คุณสบายดีไหม

B: Mir geht es gut danke und dir? (สบายดีขอบคุณ แล้วคุณล่ะ)

A: Ja, mir geht es auch gut, danke. (สบายดีเช่นกัน, ขอบคุณ)

A. Weißt du was, ein gemeinsamer Bekannter hat Fieber. Er lebt allein. **Wir** wollen ihm helfen und Tipps geben. (เพื่อนร่วมชั้น(ผู้ชาย)ของพวกเราคนหนึ่งป่วย/มีไข้ และเขาอยู่บ้านคนเดียว **พวกเรา**ต้องการช่วยเขา และให้คำแนะนำแก่เขา)

A: Kannst du mir bitte helfen einen Plan zu machen. (คุณช่วยฉันวางแผนได้ไหม)

B: Ja, ich helfe dir gern. ใช่ ฉันยินดีที่จะช่วยคุณ Wann sollten wir ihn besuchen? เราควรไปเยี่ยมเขาเมื่อไหร่

A: Ich denke, wir sollten ihn am Samstag von 9 Uhr bis 12 Uhr besuchen.

(ฉันคิดว่าเราควรไปเยี่ยมเขาในวันเสาร์ตั้งแต่ 9.00 น. ถึง 12.00 น.)

A: Was denkst du? คุณคิดอย่างไร?

B: Ich stimme dir zu. Ich denke es ist eine gute Idee.

(ฉันเห็นด้วยกับคุณ ฉันคิดว่ามันเป็นความคิดที่ดี)

B: Weißt du, ob er schon beim Arzt war? (คุณรู้รึเปล่า เขาไปหาหมอ รึยัง)

A: Ich habe gehört, er war schon gestern beim Arzt und er hat viele Medikamente bekommen. (ฉันได้ยินว่าเขาไปหาหมอเมื่อวานนี้ และได้ยามาเยอะเลย)

A: Wir können ihm im Haushalt helfen. Was kannst du ihm helfen?

(เราสามารถช่วยเขาได้ในบ้าน คุณสามารถช่วยอะไรได้บ้าง?)

B: Ich kann ihm helfen, die Wohnung auf zuräumen, ฉันช่วยเขาทำความสะอาดอพาร์ทเม้นท์ได้

und das Fenster aufmachen dann kann er frische Luft bekommen. (และเปิดหน้าต่างแล้วเขาก็จะได้รับอากาศบริสุทธิ์)

A: Ich kann Gemüsesuppe für ihn kochen. (ฉันสามารถปรุงซุปผักสำหรับเขาได้)

A: Ich denke, er soll viel warmes Wasser trinken. (ฉันคิดว่าเขาควรจะดื่มน้ำอุ่นมาก ๆ)

A: Vielleicht kann ich Tee für ihn kochen. (บางทีฉันสามารถปรุงชาให้เขาได้)

B: Er soll jeden 4-6 Stunden Aspirin nehmen. (เขาควรทานยาแอสไพรินทุกๆ 4-6 ชั่วโมง)

B: Ich denke, er soll viel entspannen. (ฉันคิดว่า เขาควรพักผ่อนมากๆด้วย)

A: Am Samstag werde ich dich um 08:30 Uhr abholen. (ฉันจะไปรับคุณตอน 08:30 น. ในวันเสาร์)

A: Was denkst du? คุณว่าดีไหม

B: Ich denke, es ist ein guter Plan. ฉันคิดว่า มันเป็นแผนที่ดีแล้ว

A: Dann machen wir das so. ถ้างั้นเราทำตามนี้ นะ Bis Samstag เจอกันวันเสาร์ Tschüss บ๊ายบาย

Beispiel 7. gemeinsames Frühstück (ทานอาหารเช้าด้วยกัน)

Sie mochten mit Teilnehmern aus dem Sprachkurs ein <u>gemeinsames Frühstück</u> machen.

พวกคุณสองคน ต้องการที่จะร่วมกับเพื่อนๆจากคอร์สเรียนภาษา <u>**ทานอาหารเช้าด้วยกัน**</u>

Was möchten Sie organisieren?   (คุณต้องการเตรียมการอย่างไร)

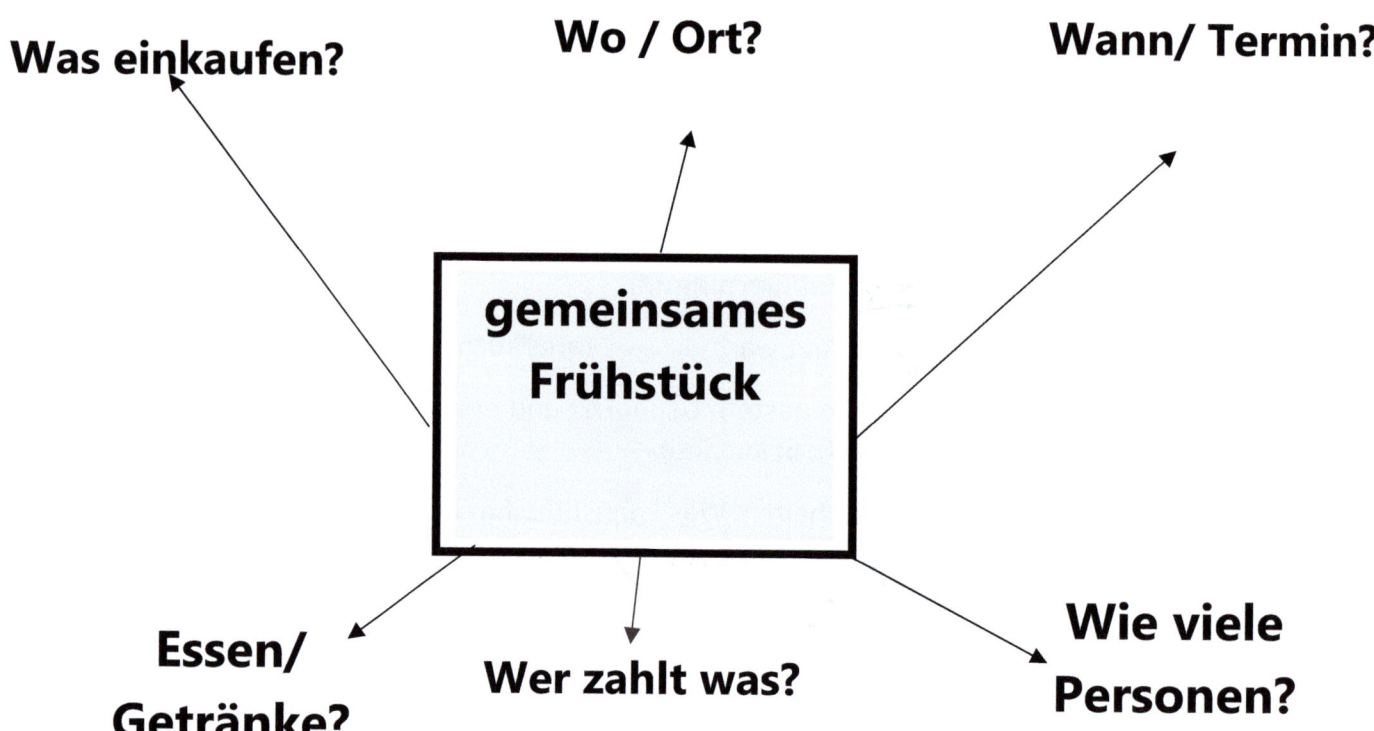

Was einkaufen?   **Wo / Ort?**   **Wann/ Termin?**

gemeinsames Frühstück

Essen/ Getränke?   **Wer zahlt was?**   **Wie viele Personen?**

1. Wo / Ort?   ที่ไหน / สถานที่
2. Wann/ Termin?   เมื่อไร/ ตารางนัด วันเวลา
3. Was einkaufen?   ซื้ออะไรบ้าง
4. Essen/ Getränke?   อาหาร
5. Wie viele Personen?   กี่คน
6. Wer zahlt was?   ใครจ่ายอะไรบ้าง

A: Hallo .....   B. Hallo.....

A: Wie geht es dir? คุณสบายดีไหม

B: Mir geht es gut danke und dir?   (สบายดีขอบคุณ แล้วคุณล่ะ)

A: Ja, mir geht es auch gut, danke.   (สบายดีเช่นกัน, ขอบคุณ)

A:Weißt du was, wir mochten mit Teilnehmern aus dem Sprachkurs ein gemeinsames Frühstück machen. นี่เธอรู้มั้ย, พวกเรา ต้องการจะร่วมกับเพื่อนๆในชั้นเรียนภาษา ทานอาหารเช้าร่วมกัน

A: Kannst du mir bitte helfen einen Plan zu machen.   **(คุณช่วยฉันวางแผนได้ไหม)**

B: Ja, ich helfe dir gern. ใช่ ฉันยินดีที่จะช่วยคุณ

B: Wann und wo sollten wir Frühstück machen?   เมื่อไหร่ ที่ไหน ที่เราควรจะทานอาหารเช้าด้วยกัน

A: Ich denke, wir sollten am Samstag von 9 Uhr bis 11 Uhr bei mir zu Hause Frühstück zusammenmachen. ฉันคิดว่า พวกเราควรจะ ทานอาหารเช้าร่วมกันที่บ้านของฉัน ในวันเสาร์ เวลา 9 โมง ถึง 11 โมง

A: Was denkst du darüber? (คุณคิดเห็นยังไง) Hast du eine andere Idee? (คุณมีความเห็นอย่างอื่นมั้ย)

B: Ich stimme dir zu. Ich denke, es ist eine gute Idee.   ฉันเห็นด้วยกับคุณ ,ฉันคิดว่ามันเป็นความคิดที่ดี

B: Was sollten wir einkaufen?   พวกเราควรจะซื้ออะไรบ้าง

A: Ich denke, wir sollten Eier, Brot, Brötchen, Käse , Schinken und etwas Salat kaufen.A: Ich kann alles kaufen und für uns vorbereiten. ฉันคิดว่าพวกเราควรซื้อ ไข่, ขนมปัง, ขนมปังก้อน, ชีท, ชีส, แฮม และสลัด ฉันสามารถซื้อทุกอย่างและเตรียมให้เราได้

A: Was denkst du darüber? (คุณคิดเห็นยังไง) Hast du eine andere Idee? (คุณมีความเห็นอย่างอื่นมั้ย)

B: Ich stimme dir zu. Ich denke, es ist eine gute Idee.   ฉันเห็นด้วยกับคุณ ,ฉันคิดว่ามันเป็นความคิดที่ดี
Ich werde mich um Getränke kümmern.   ฉันจะดูแลเครื่องดื่ม

B: Wie viele Personen sollten wir einladen?   เราควรเชิญคนกี่คน?

A. Ich denke, wir sollten jeden in unseren Kurs einladen. ฉันคิดว่าเราควรเชิญทุกคน ในคอร์สเรียน

A: Was denkst du darüber? (คุณคิดเห็นยังไง) Hast du eine andere Idee? (คุณมีความเห็นอย่างอื่นมั้ย)

B: Ich stimme dir zu. Ich denke, es ist eine gute Idee.   ฉันเห็นด้วยกับคุณ ,ฉันคิดว่ามันเป็นความคิดที่ดี

A: Ich denke, zuerst werde ich für Essen Getränke bezahlen, danach können wir die Kosten des Frühstücks teilen? ฉันคิดว่า ตอนแรกฉันจะจ่ายเงินค่าอาหาร และเครื่องดื่มก่อน, หลังจากนั้น เราก็หารราคากัน

A: Was denkst du darüber? (คุณคิดเห็นยังไง) Hast du eine andere Idee? (คุณมีความเห็นอย่างอื่นมั้ย)

B: Prima! Ich stimme dir zu. Ich denke, es ist ein guter Plan.

เยี่ยมเลย   ฉันเห็นด้วยกับคุณ   ฉันคิดว่ามันเป็นการวางแผนที่ดี

B: So machen wir das.   งั้นเราทำตามนี้กันนะ

Beispiel 8. beim Einkauf helfen (ช่วยในการ ไปซื้อของ (ช้อปปิ้ง)

Ihre Nachbarin ist neu in der Stadt.   เพื่อนบ้าน

ผู้หญิง ของพวกคุณ เพิ่งเธอมาอยู่ในเมืองนี้ ใหม่ๆ

Sie beide sollten ihr beim Einkaufen helfen.   พวกคุณสอง

คน ควรจะช่วยหล่อนในการ ไปซื้อของ (ช้อปปิ้ง)

Was möchten Sie organisieren?   (คุณต้องการเตรียมการอย่างไร)

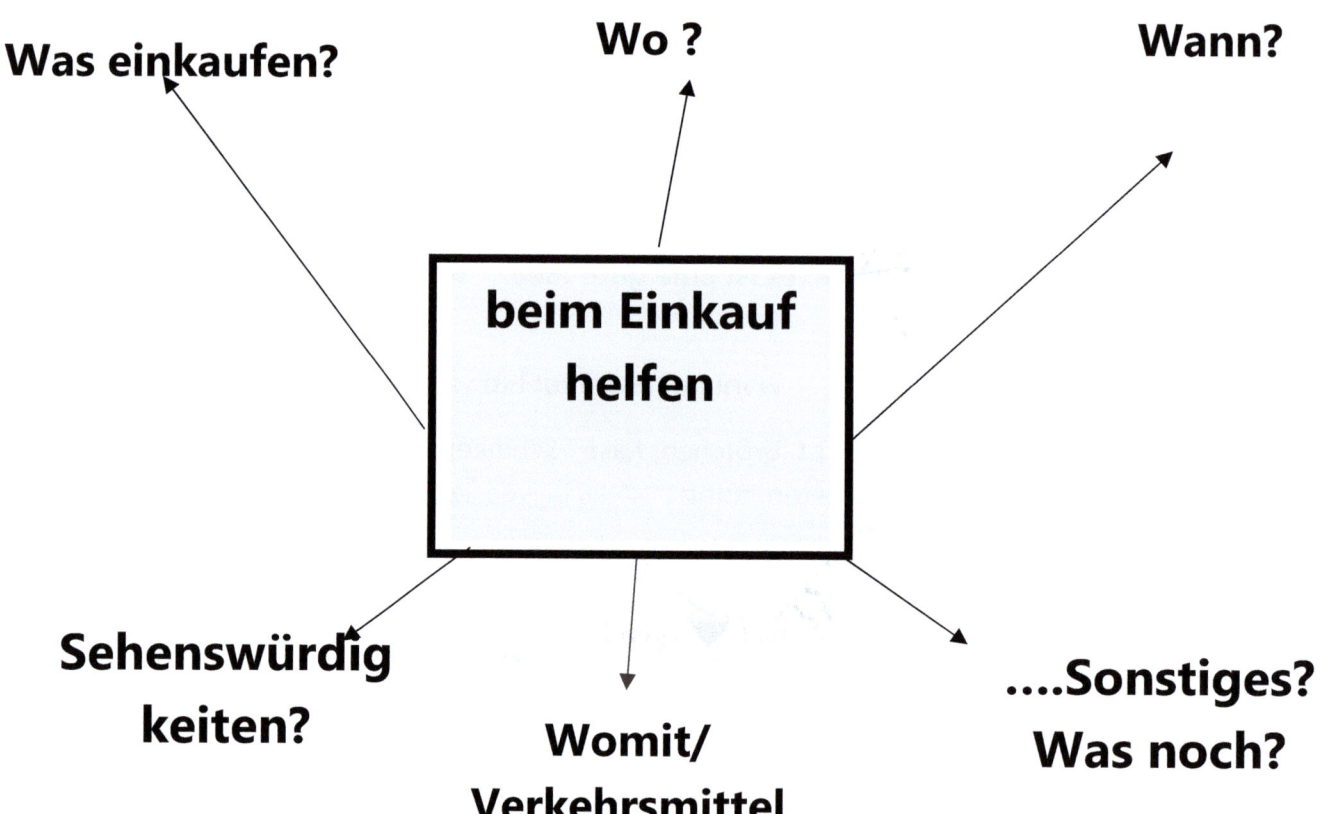

Was einkaufen?   **Wo ?**   **Wann?**

beim Einkauf helfen

Sehenswürdig keiten?   **Womit/ Verkehrsmittel**   **....Sonstiges? Was noch?**

1. Wann?   เมื่อไหร่ / ที่ไหน

2. Wo?   ที่ไหน

3. Was einkaufen (Milch, die Nudel, Kleidung)

   (อะไรบ้างที่ต้องซื้อ นม   ก๋วยเตี๋ยว   เสื้อผ้า)

4. Womit / Verkehrsmittel   (ไปกับรถอะไร   /   ยานพาหนะอะไร)

5. Sehenswürdigkeiten?   สถานที่น่าไปชม , สถานที่ที่น่าเที่ยว

6. Sonstiges? Was noch?   อื่นๆ, อะไรอีก

A: Hallo .....
B. Hallo.....
A: Wie geht es dir? คุณสบายดีไหม

B: Mir geht es gut danke und dir? (สบายดีขอบคุณ แล้วคุณล่ะ)

A: Ja, mir geht es auch gut, danke. (สบายดีเช่นกัน, ขอบคุณ)

A:Weißt du was, unsere Nachbarin ist neu in der Stadt. Wir beide sollten ihr beim Einkaufen helfen. นี่เธอรู้มั้ย , เพื่อนบ้าน (ผู้หญิง) ของพวกเราเพิ่งมาอยู่ใหม่ พวกเราสองคน ควรจะช่วยเธอในการ จับจ่ายซื้อของ

A: Kannst du mir bitte helfen einen Plan zu machen. (คุณช่วยฉันวางแผนได้ไหม)

B: Ja, ich helfe dir gern. ใช่ ฉันยินดีที่จะช่วยคุณ

B: Wann und wo sollten wir einkaufen? เมื่อไหร่ และ ที่ไหนพวกเราควรไปซื้อของ (ช้อปปิ้ง)

A: Ich denke, wir sollten am Samstag von 9 Uhr bis 12 Uhr im Supermarkt (zum Beispiel: Rewe , Lidl und Hit) einkaufen. ฉันคิดว่า พวกเราควรจะไปซื้อของ วันเสาร์ เวลา 9 โมง ถึง เที่ยง ที่ซุปเปอร์มาเก็ต

A: Was denkst du darüber? (คุณคิดเห็นยังไง) Hast du eine andere Idee? (คุณมีความเห็นอย่างอื่นมั้ย)

B: Ich stimme dir zu. Ich denke, es ist eine gute Idee. ฉันเห็นด้วยกับคุณ ,ฉันคิดว่ามันเป็นความคิดที่ดี
B: Was sollten wir einkaufen? พวกเราควรซื้ออะไรบ้าง

A: Ich denke, wir sollten Milch , Nudeln und andere Lebensmittel im Rewe oder im Lidl kaufen und wir können Kleidung bei Takko oder Kik kaufen. ฉันคิดว่า พวกเราควรซื้อ นม, ก๋วยเตี๋ยว, ของกินอย่างอื่น ใน ห้าง เรเว่อ หริอ ลิดเดิ้ล และ พวกเราสามารถซื้อเสื้อผ้าได้ที่ร้าน ตั๊กโก้ หรือ กิ๊ก

A: Was denkst du darüber? (คุณคิดเห็นยังไง) Hast du eine andere Idee? (คุณมีความเห็นอย่างอื่นมั้ย)

B: Ich stimme dir zu. Ich denke, es ist eine gute Idee. ฉันเห็นด้วยกับคุณ ,ฉันคิดว่ามันเป็นความคิดที่ดี
B: Womit sollten zum Supermarkt fahren? เราจะนั่งรถอะไรไปซุปเปอณีมาเก็ต

A. Ich habe ein großes Auto, wir können mit mir zusammenfahren. ฉันมีรถยนต์คันใหญ่, พวกเราสามารถนั่งรถไปด้วยกันกับฉัน

Ich denke, wir können auch Kirche oder Museum besuchen.Was denkst du?

ฉันคิดว่า พวกเราควรจะไป ชมโบสถ์ และพิพิธภัณฑ์ ด้วย . คุณคิดว่ายังไง

A: Was denkst du darüber? (คุณคิดเห็นยังไง) Hast du eine andere Idee? (คุณมีความเห็นอย่างอื่นมั้ย)

B: Ich stimme dir zu. Ich denke, es ist eine gute Idee. ฉันเห็นด้วยกับคุณ ,ฉันคิดว่ามันเป็นความคิดที่ดี
B: Was sollen wir noch machen? พวกเราควรจะทำอะไรกันอีกบ้าง

A: Ich denke, wenn das Wetter gut ist, können wir eine Rundfahrt in unserer Stadt machen.

ฉันคิดว่า, ถ้าอากาศดี, พวกเราควรนั่งรถรอบเมือง เพื่อชมเมือง ของเรา

A: Was denkst du darüber? (คุณคิดเห็นยังไง) Hast du eine andere Idee? (คุณมีความเห็นอย่างอื่นมั้ย)

B: Prima! Ich stimme dir zu. Ich denke, es ist ein guter Plan.

เยี่ยมเลย ฉันเห็นด้วยกับคุณ ฉันคิดว่ามันเป็นการวางแผนที่ดี

B: So machen wir das. งั้นเราทำตามนี้กันนะ

Beispiel 9. Jemanden besuchen (ไปเยี่ยมใครซักคน)

Eine Teilnehmerin aus Ihrem Deutschkurs hatte **einen Unfall** und liegt im Krankenhaus. เพื่อนร่วมชั้นผู้หญิงคนนึงของพวกคุณ **เกิดอุบัติเหตุ** และ นอนอยู่ในโรงพยาบาล

Sie möchten sie **besuchen** und ein Geschenk vom Deutschkurs mitbringen. พวกคุณต้องการไป**เยี่ยม** และเอาของขวัญหนึ่งชิ้น จากคอร์สเรียนภาษา ไปให้หล่อน

Was möchten Sie organisieren?   คุณต้องการเตรียมการอย่างไร

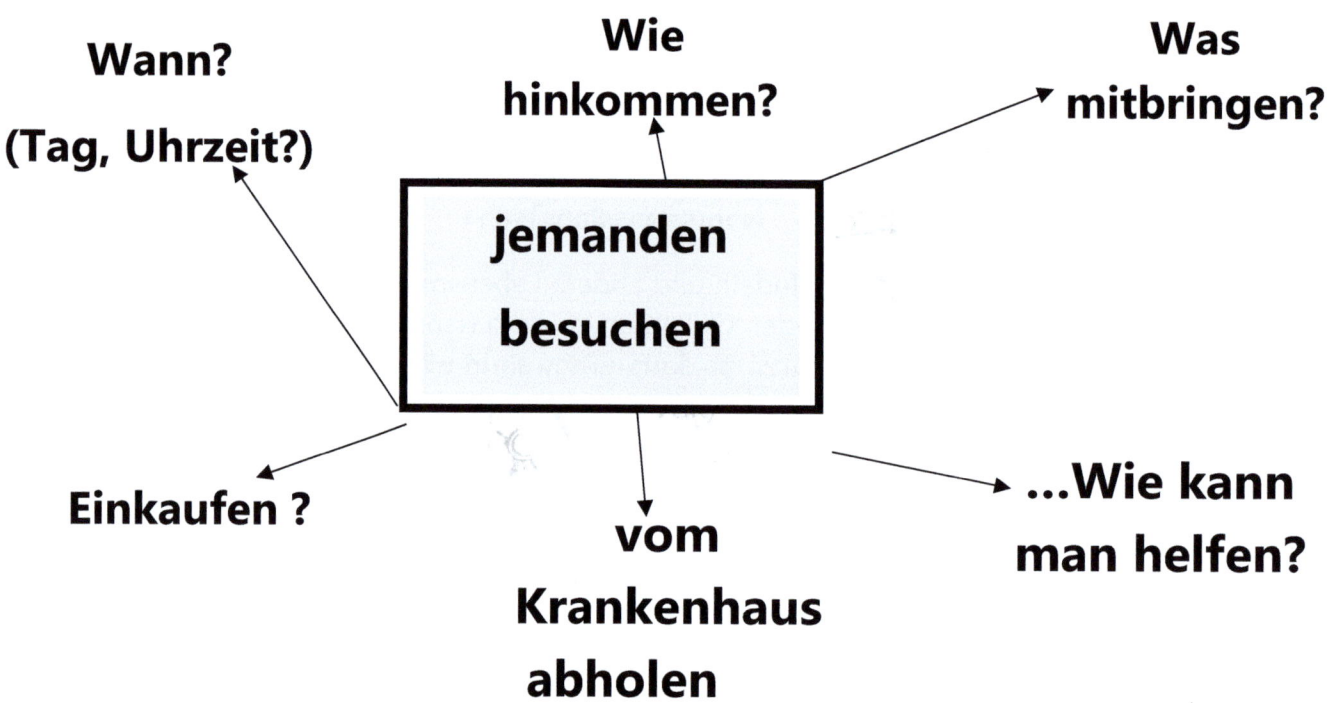

1. Wann besuchen?   เมื่อไหร่จะไปเยี่ยม (Tag, Uhrzeit?)   วัน, เวลา

2. Wie dort hinkommen?   ไปยังไง

3. Was mitbringen?   เอาอะไรไปด้วย

4. Wie kann man helfen?   จะช่วยอะไรได้บ้าง

5. vom Krankenhaus abholen, ...)   ไปรับออกจากรงพยาบาล

6. Einkaufen,   (ไปช่วยใน)การซื้อของ

A: Hallo ..... B. Hallo.....
A: Wie geht es dir? คุณสบายดีไหม

B: Mir geht es gut danke und dir? (สบายดีขอบคุณ แล้วคุณล่ะ)

A: Ja, mir geht es auch gut, danke. (สบายดีเช่นกัน, ขอบคุณ)

A:Weißt du was, eine Teilnehmerin aus unsrem Deutschkurs hatte einen Unfall und liegt im Krankenhaus. นี่พวกเธอรู้มั๊ย, เพื่อนร่วมชั้นเรียนคนนึง (ผู้หญิง) ของพวกเรา ได้รับอุบัติเหตุ และเธอนอนพักอยู่ที่โรงพยาบาล

Wir möchten sie besuchen und ein Geschenk vom Deutschkurs mitbringen.

พวกเราควรจะไปเยี่ยมเธอ และเอาของขวัญ จากกลุ่มเรียนภาษาเยอรมันไปให้เธอด้วย

A: Kannst du mir bitte helfen einen Plan zu machen. (คุณช่วยฉันวางแผนได้ไหม)

B: Ja, ich helfe dir gern. ใช่ ฉันยินดีที่จะช่วยคุณ

B: Wann sollten wir sie besuchen? เมื่อไหร่ที่เราควรจะไปเยี่ยมเธอ

A: Ich denke, wir sollten am Samstag von 9 Uhr bis 11 Uhr sie besuchen. ฉันคิดว่า พวกเราไปเยี่ยมเธอวันเสาร์ 9 โมง ถึง 11 โมงเช้า ดีมั๊ย

A: Was denkst du darüber? (คุณคิดเห็นยังไง) Hast du eine andere Idee? (คุณมีความเห็นอย่างอื่นมั๊ย)

B: Ich stimme dir zu. Ich denke, es ist eine gute Idee. ฉันเห็นด้วยกับคุณ ,ฉันคิดว่ามันเป็นความคิดที่ดี
B: Wie sollten wir dort hingehen?

A: Ich habe ein großes Auto, wir können mit meinem Auto zusammen fahren. ฉันมีรถยนต์ คันใหญ่, พวกเราสามารถนั่งรถไปกับฉัน

A: Was denkst du darüber? (คุณคิดเห็นยังไง) Hast du eine andere Idee? (คุณมีความเห็นอย่างอื่นมั๊ย)

B: Ich denke, es ist eine gute Idee. ฉันคิดว่ามันเป็นความคิดที่ดี B: Was sollten wir mitbringen? พวกเราควรจะเอาอะไรไปด้วยบ้าง

A. Ich denke, wir sollten ihr Milch, Obst und Blumenstrauß bringen. ฉันคิดว่า พวกเราควรจะเอา นม, ผลไม้ และช่อดอกไม้ ไปให้เธอ

A: Was denkst du darüber? (คุณคิดเห็นยังไง) Hast du eine andere Idee? (คุณมีความเห็นอย่างอื่นมั๊ย)

B: Ich stimme dir zu. Ich denke, es ist eine gute Idee. ฉันเห็นด้วยกับคุณ ,ฉันคิดว่ามันเป็นความคิดที่ดี
A: Nächste Woche kann ich sie vom Krankenhaus abholen und nach Hause fahren. สัปดาห์หน้าเธอจะออกจาก โรงพยาบาล ฉันสามารถไปรับเธอกลับบ้านได้

Ich denke, wir sollten ihr auch im Haushalt helfen. ฉันคิดว่าเราควรช่วยงานในบ้านเธอด้วย

Zum Beispiel können wir ihre Wohnung aufräumen und putzen. ยกตัวอย่าง พวกเรา ชาวยจัดเก็บห้องพักและถูพื้น

A: Was denkst du darüber? (คุณคิดเห็นยังไง) Hast du eine andere Idee? (คุณมีความเห็นอย่างอื่นมั๊ย)

B: Prima! Ich stimme dir zu. Ich denke, es ist ein guter Plan.

(เยี่ยมเลย ฉันเห็นด้วยกับคุณ ฉันคิดว่ามันเป็นการวางแผนที่ดี)

จดหมายใหม่ ในช่วง ปี 2022

Goethe- Zertifikat A2

(Erwachsene)

ดูจดหมายพร้อมคำแปลภาษาไทย
จากหน้าที่ 104-117

ดูวีดีโอการสอนของครูปู ที่อธิบายเพิ่มเติมได้นะคะ สแกน QR โค้ดเพื่อชมวีดีโอได้เลยค่ะ

Schreiben Teil 1:

Beispiel 1:

Es gibt ein Problem in Ihrer Wohnung. Sie brauchen Hilfe von Ihrem Freund Daniel.

Schreiben Sie an Ihren Freund.

Was ist das Problem / Warum wichtig?

Was soll Ihr Freund tun?

Als Dankeschön Geschenk

Bangkok, 19.05.2022

Lieber Daniel,

ich hoffe, es geht dir gut.

Seit drei Tagen funktioniert die Heizung in meiner Wohnung nicht mehr.

Meine Familie und ich brauchen warmes Wasser zum Kochen und Duschen.

Deshalb benötige ich deine Hilfe.

Kannst du mir bitte helfen, die Heizung zu reparieren?

Als Dankeschön möchte ich ein schönes T-Shirt und eine schöne Mütze für dich kaufen.

Rufe mich bitte später an, ob du kommen kannst.

(Sage mir bitte Bescheid, ob du kommen kannst.)

Ich wünsche dir einen schönen Tag.

Viele Grüße

Chanya

ดูวีดีโอการสอนของครูปู ที่อธิบายเพิ่มเติม จดหมายฉบับที่ 2-6 สแกน QR โค้ดเพื่อชมวีดีโอได้เลยค่ะ

Beispiel 2:

Deine Freundin (Leni) möchte dir eine Konzertkarte kaufen.

- Bedanken Sie sich.

- Sie benötigen / brauchen 2 Tickets

- Warum? (Kurz erzählen)

Bangkok, 22.02.2022

Liebe Leni,

ich hoffe, es geht dir gut und vielen Dank, dass du die Konzertkarte für mich kaufen möchtest.

Ich möchte mit meiner Tochter zum Konzert gehen, deshalb brauche ich zwei Karten.

Könntest du mir bitte zwei Konzertkarten kaufen?

Ich rufe dich später an.

Ich wünsche dir einen schönen Tag und eine gesunde Zeit.

Liebe Grüße

Chanya

Beispiel 3:

Morgen kommt ein Handwerker, um die <u>Waschmaschine</u> zu reparieren.

Aber Sie sind nicht zu Hause.

Schreiben Sie einen Brief an die Firma ABC.

Erzählen/ Warum sind Sie nicht zu Hause?

Fragen Sie nach einem neuen Termin.

Kosten/ <u>Bezahlen?</u> / der Preis

Bangkok, 02.02.2022

Sehr geehrte Damen und Herren,

morgen kommt ein Handwerk von Ihnen, um die Waschmaschine zu reparieren.

Leider bin ich nicht zu Hause, weil ich <u>einen wichtigen Termin</u> mit einer Kundin habe.

Könnten Sie mir bitte einen neuen Termin <u>der Reparatur geben</u>?

Wie viel kostet <u>die Reparatur?</u>

Kann ich mit meiner Kreditkarte bezahlen?

Ich warte auf Ihre Antwort und bedanke mich im Voraus.

Mit freundlichen Grüßen

Chanyanij Danwongsa

Beispiel 4:

Sie möchten, mit Ihrer Freundin Ilona, <u>ins Kino</u> gehen.

Schreiben Sie an Ihre Freundin (Ilona).

- Welcher Film/ Warum?
- Informieren Sie über den Film
- Wann und wo kommt der Film?

Bangkok, 22.02.2022

Liebe Ilona,

<u>ich hoffe, es geht dir gut.</u>

<u>Am kommenden Freitag</u> zwischen 18 und 20 Uhr gibt es einen neuen Film im Kino ABC.

Der Film heißt „Bridget Jones Baby" Folge 3 und er ist unser Lieblingsfilm.

Der Film ist eine romantische Komödie und wir warten auf diesen Film schon lange.

Deshalb würde ich gerne die neue Folge mit dir sehen.

Rufe mich bitte später an, ob du kommen kannst.

<u>(Rufen Sie mich bitte später an.)</u>

(Sage mir bitte Bescheid, ob du kommen kannst.)

<u>(Sagen Sie mir bitte Bescheid, ob Sie kommen können.)</u>

Ich wünsche dir einen schönen Tag.

(Ich wünsche <u>Ihnen</u> einen schönen Tag)

Viele Grüße

Chanya

Beispiel 5

Sie sind unterwegs ins Kino in Ihrer Stadt. Schreiben Sie Ihrem Freund Timm eine SMS.

Entschuldigen Sie für die Verspätung

Warum spät?

Sagen Sie, was Ihr Freund tun soll.

Schreiben Sie 20–30 Wörter

Schreiben Sie zu allen drei Punkten.

Lieber Timm,

ich möchte mich entschuldigen, dass ich nicht pünktlich bin.

Ich bin ein bisschen spät, denn ich musste meine Katze zum Tierarzt bringen.

Könntest du bitte an der Information auf mich warten und mir auch Popcorn kaufen?

Schreibe mir bitte eine Antwort.

Bis gleich.

Liebe Grüße

Chanya

Beispiel 6:

Sie sind zu Hause am Abend.

Schreiben Sie Ihrer <u>Freundin Leni</u> eine SMS.

Schlagen Sie vor, dass Sie Ihre Freundin <u>am Wochenende treffen</u> möchten.

Beschreiben Sie, warum?

Nennen Sie die <u>Uhrzeit und den Ort</u> zum Treffpunkt

Schreiben Sie 20-30 Wörter

Schreiben Sie zu allen drei Punkten.

Liebe Leni,

ich hoffe, es geht dir gut.

Am kommenden Samstag möchte ich dich treffen, weil ich mit dir <u>ins Kino</u> gehen möchte.

<u>Wenn es möglich ist</u>, sollten wir uns um 13 Uhr <u>vor dem Kino ABC</u> treffen.

(Was denkst du darüber?)

<u>Schreibe mir bitte eine Antwort.</u>

<u>Ich warte auf deine Antwort und freue mich auf unser Treffen.</u>

Liebe Grüße

Chanya

Beispiel 6:

Sie sind zu Hause am Abend.

Schreiben Sie Ihrer <u>Freundin Leni</u> eine SMS.

ดูวีดีโอการสอนของครูปู ที่อธิบายเพิ่มเติม จดหมายฉบับที่ 1-3 สแกน QR โค้ดเพื่อชมวีดีโอได้เลยค่ะ

Schreiben Teil 2:

Beispiel 1:

Sie möchten mit Ihrem Deutschkurs einen Ausflug machen.

- einladen Lehrer

-schlagen Sie über den Ausflug vor

-Wann und wo?

Bangkok, 19.05.2022

Sehr geehrte Frau Vogelsang,

am nächsten Samstag möchten die Teilnehmer und ich einen Ausflug im Zoo in ...

(Hua Hin) machen.

Deshalb möchten wir Sie einladen, an dem Ausflug teilzunehmen.

Ich würde vorschlagen.

Wenn es möglich ist, können wir morgen den Zoo besuchen.

Am Nachmittag können wir ein Museum besichtigen.

(Was halten Sie davon?)

Ich warte auf Ihre Antwort und wünsche Ihnen einen schönen Tag.

Mit freundlichen Grüßen

Chanyanij Danwongsa

Beispiel 2:

Du kannst nicht zum Fußball-Trainingskurs teilnehmen.

Schreibe eine E-Mail an **Herrn Liebe**.

- entschuldigen Sie sich

- Sagen Sie, warum Sie nicht kommen?

- Wiederkommen/ Fragen Sie nach einem neuen Termin (Wann und wo?).

An: liebe@hotmail.com

Von: chanya@hotmail.com

Bangkok, 22.02.2022

Sehr geehrter Herr Liebe,

ich hoffe, es geht Ihnen gut und ich möchte mich entschuldigen.

Leider kann ich nicht zum Fußball-Trainingskurs kommen, weil ich einen wichtigen Arzttermin habe.

Nächste Woche kann ich wieder zum Trainingskurs kommen.

Könnten Sie mir bitte einen neuen Termin geben?

(Wann und wo soll ich am Kurs teilnehmen?)

Ich warte auf Ihre Antwort und wünsche Ihnen einen schönen Tag.

Mit freundlichen Grüßen

Chanyanij Danwongsa

Beispiel 3:

Sie möchten ins Konzert gehen und möchte Konzertkarte kaufen.

Schreiben Sie an die Firma Online-Ticket.

Wann und wo das Konzert <u>stattfinden?</u>

Informieren Sie, warum möchten Sie die Konzertkarte kaufen /Ihre <u>Meinung</u> zum Konzert.

Fragen Sie nach dem Preis (die Kosten / der Preis)

Bangkok, 22.02.2022

Sehr geehrte Damen und Herren,

<u>ich schreibe Ihnen, weil ich zwei Konzertkarten kaufen möchte.</u>

Ich denke, dass der Besuch eines Konzerts <u>Unterhaltung</u> ist, deshalb würde ich gerne <u>mit meinem</u>

<u>Freund</u> im <u>August</u> zu dem Konzert gehen.

Gibt es im August ein Konzert? Wo sollte das Konzert stattfinden?

<u>Außerdem habe ich einige Fragen an Sie.</u>

Welche <u>Arten</u> von Konzertkarten bieten Sie an?

Wie viel kostet das Ticket?

(Könnten Sie mir bitte weitere Informationen zum Konzert mitteilen?)

<u>Ich warte auf Ihre Antwort und bedanke mich im Voraus.</u>

Mit freundlichen Grüßen

Chanyanij Danwongsa

ดูวีดีโอการสอนของครูปู ที่อธิบายเพิ่มเติม จดหมายฉบับที่ 4-6 สแกน **QR** โค้ดเพื่อชมวีดีโอได้เลยค่ะ

Beispiel 4:

Ihre Nachbarin, **Frau Liebe,** möchte ein Gartenfest machen.

Sie hat Ihnen eine Einladung zum Gartenfest geschickt.

Schreiben Sie **Frau Liebe** eine E-Mail.

- **Bedanken Sie sich.**

- **Sagen Sie, dass Sie kommen können.**

   /Informieren Sie, dass Sie jemanden mitbringen möchten.

- **Fragen Sie nach dem Weg**

An: liebe@hotmail.com

Von: chanya@hotmail.com

Bangkok, 12.12.2021

Sehr geehrte Frau Liebe,

ich hoffe, es geht Ihnen gut und **ich bedanke mich für die Einladung.**

Ich werde gerne zum Gartenfest kommen und möchte mit meiner Mutter und meinem Vater kommen.

(Darf ich meine Eltern zum Gartenfest mitbringen?)

Außerdem habe ich noch einige Fragen an Sie.

(Wo sollte das Gartenfest stattfinden?)

Könnten Sie mir bitte den Weg zum Gartenfest beschreiben?

Ich warte auf Ihre Antwort und wünsche Ihnen einen schönen Tag.

Mit freundlichen Grüßen

Chanyanij Danwongsa

Beispiel 5:

Ihre Chefin, **Frau Liebe,** möchte eine Veranstaltung organisieren.

Sie hat Ihnen eine Einladung zur Veranstaltung geschickt.

Schreiben Sie **Frau Liebe** eine E-Mail.

- Sagen Sie, dass Sie kommen können.

- Erzählen Sie, was möchten Sie machen / tun

- Warum möchten Sie das machen?

An: liebe@hotmail.com

Von:chanya@hotmail.com

Bangkok, 03.03.2022.

Sehr geehrte Frau Liebe,

ich hoffe, es geht Ihnen gut und ich bedanke mich für die Einladung.

Ich werde gerne zur Veranstaltung kommen.

Ich möchte viele Plakate über gesundes Leben machen, weil die Informationen sehr nützlich

für Menschen sind.

(Was halten Sie davon?)

Ich warte auf Ihre Antwort und wünsche Ihnen einen schönen Tag.

Mit freundlichen Grüßen

Chanyanij Danwongsa

Beispiel 6: am 24.08.2022

Sie möchten an einem Tenniskurs teilnehmen.

(Sie möchten sich für einen Tenniskurs anmelden)

Schreiben Sie **an die Sportschule ABC**

- **Grund für Ihr Schreien**

  - Wann möchten Sie anfangen? (Wann und wie lange dauert der Kurs?)

- Fragen Sie nach der Information

                                       Bangkok, 03.03.2022.

Sehr geehrte Damen und Herren,

ich schreibe Ihnen, weil ich mich für einen Tenniskurs bei Ihnen interessiere.

Deshalb habe ich einige Fragen an Sie.

Wie viel kostet der Kurs?

Wenn es möglich ist, möchte ich am 9. September 2022 beginnen und den Kurs für mindestens 3 Monate belegen. Haben Sie den Tenniskurs für mich?

Wann fängt der Kurs an und wie lange dauert der Kurs?

(Wo sollte der Tenniskurs stattfinden?)

Ich warte auf Ihre Antwort und bedanke mich im Voraus.

Mit freundlichen Grüßen

Chanyanij Danwongsa

ข้อสอบเพิ่มใหม่ Goethe-Zertifikat A2 (am 20.06.2022)

Sprechen Teil 2

1. Was möchten Sie noch lernen? (คุณอยากเรียนอะไรเพิ่มเติม)

Kochen **ทำอาหาร**

Ich möchte kochen lernen, weil ich nicht gut kochen kann.

(ฉันต้องการเรียนทำอาหาร เพราะฉันทำอาหารไม่เป็น)

sowohl thailändisches als auch deutsches Essen (ทั้งอาหารไทยและอาหารเยอรมัน)

Anderer Sprachen/ Fremdsprachen ภาษาอื่นๆ/ ภาษาต่างประเทศ

Ich möchte neue **Fremdsprachen** lernen. Zum Beispiel Französisch und Italienisch, weil ich in diese Länder reisen möchte.

(ฉันต้องการเรียนรู้**ภาษาต่างประเทศ**ใหม่ๆ เช่น ฝรั่งเศส และ อิตาลี, เพราะฉันต้องการเดินทางไปเที่ยวประเทศเหล่านี้)

Musik / Musikinstrument ดนตรี / เครื่องดนตรี

Ich interessiere mich nicht für Musik, also möchte ich nicht Gesang und ein **Musikinstrument** lernen.

(ฉันไม่สนใจดนตรี ฉันเลยไม่อยากเรียนร้องเพลงและเรียน**การเล่นเครื่องดนตรี**)

2. Wofür nutzen Sie Ihr Handy und das Internet?
(คุณใช้มือถือ กับอินเตอร์เน็ตทำอะไรบ้าง)

Musik hören ฟังเพลง
Ich höre meine Lieblingsmusik von meinem Handy, zum Beispiel von YouTube-Videos.
(ฉันฟังเพลงโปรดจากมือถือของฉัน ยกตัวอย่าง จากวีดิโอ ยูทูป)

Bücher lesen อ่านหนังสือ
Manchmal lese ich E-Books auf meinem Handy. (บางครั้งฉันอ่าน อีบุค จากมือถือ)

Spiele/ spielen เกมส์ / เล่นเกมส์
Manchmal benutze ich mein Handy, um mein Lieblingsspiel wie "Angry Bird" zu spielen.
(บางครั้ง ฉันใช้มือถือเล่นเกมโปรดของฉัน ยกตัวอย่างเช่น "Angry Bird แอ้งกรี้ เบิร์ด")

Familie ครอบครัว

Am Wochenende benutze ich Handy und Internet, um mit meinen Eltern in Thailand über LINE zu kommunizieren.
(ในช่วงสุดสัปดาห์ ฉันใช้โทรศัพท์มือถือและอินเทอร์เน็ตเพื่อสื่อสารกับพ่อแม่ของฉันในประเทศไทยผ่านทาง LINE (ไลน์)

Sprechen Teil 3: Gemeinsam etwas planen. (เพิ่มเติม)

Beispiel 1:

Ihre Freundin Leni hat die Abiturabschlussprüfung bestanden.

die Führerscheinprüfung

Sie beide möchten ein Geschenk für sie kaufen.

Ihn

Was möchten Sie ihr schenken?

ihm

A:

Stadtplan
Blumen
Konzertkarten
Geschenk
Rucksack
....Sonstiges? Was noch?
(das Kleid, die Uhr, ...)

ดูวีดีโอการสอนของครูปู ที่อธิบายเพิ่มเติมได้นะคะ สแกน QR โค้ดเพื่อชมวีดีโอได้เลยค่ะ

B:

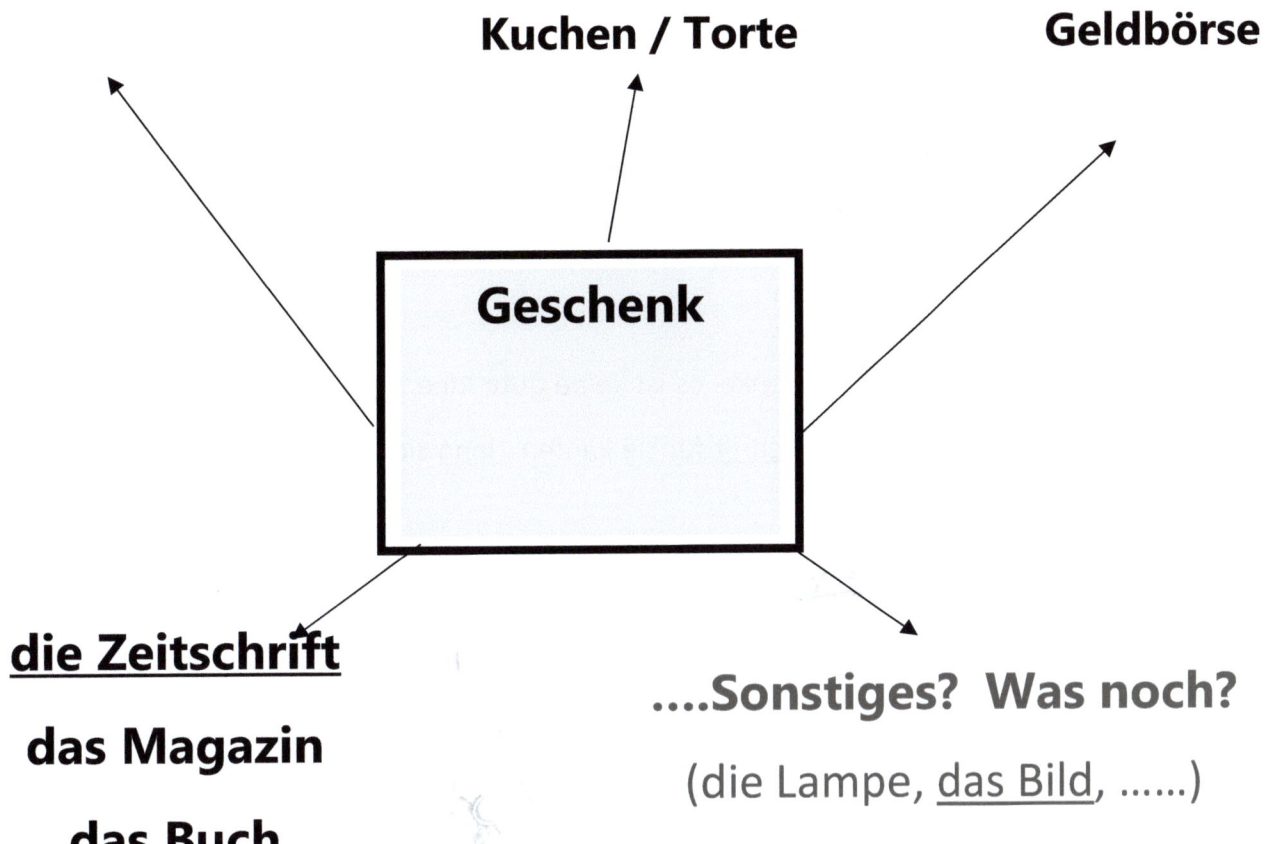

Musik

Kuchen / Torte

Geldbörse

Geschenk

die Zeitschrift

das Magazin

das Buch

....Sonstiges? Was noch?

(die Lampe, das Bild, ...)

A: Hallo .....   B. Hallo.....

A: Wie geht es dir?

B: Mir geht es gut, danke und dir?

A: Ja, mir geht es auch gut, danke.

A: **Weißt du was,** Leni hat die Abiturabschlussprüfung bestanden.

Wir beide möchten ein Geschenk für sie kaufen.

A: **Kannst du mir bitte helfen, einen Plan zu machen.**   (คุณช่วยฉันวางแผนได้ไหม)

Ich denke, wir sollten einen Blumenstrauß für sie kaufen.

A: Was denkst du?   Hast du eine andere Idee?

B: Ich stimme dir nicht zu. Ich denke, es ist keine gute Idee.

Ich denke, wir sollten eine Zeitschrift für sie kaufen, denn sie liest gern.

B: Was denkst du?

***(Ich denke, wir sollten .... für sie kaufen.

Was denkst du?)***

A: Ich stimme dir nicht zu. Ich denke, es ist keine gute Idee.

(Sie hat mir gesagt, ihr Rucksack ist kaputt.)

Ich denke, wir sollten einen neuen Rucksack für sie kaufen oder wir können eine Konzertkarte für sie kaufen, denn sie mag Musik.

A: Was denkst du?

B: Ich stimme dir nicht zu. Ich denke, die Konzertkarte ist zu teuer.

B: Vielleicht können wir einen Kuchen oder eine Torte für sie backen.

B: Was denkst du? / Was meinst du? / Was findest du?

A: Ich stimme dir zu.

Dann backen wir eine schöne Torte für sie.

B: O. K., machen wir das.

หรือเราอาจจะพูดว่า

A: Ich stimme dir nicht zu. Ich kann nicht gut **backen.**

(ฉันไม่เห็นด้วยกับคุณ ฉันไม่เก่งเรื่องอบขนม / ฉัน**อบขนม**ไม่เก่ง)

Ich denke, wir sollten eine schöne Torte für sie kaufen.　(ฉันคิดว่าเราควรซื้อเค้กสวยๆ ให้เธอ)

Was denkst du?　　(คุณคิดอย่างไร?)

B: ich stimme dir zu. Ich kann auch nicht gut backen.
(ฉันเห็นด้วยกับคุณ ฉันไม่เก่งเรื่องอบขนม / ฉันอบขนมไม่เก่งเหมือนกัน)

　Dann kaufen wir eine schöne Torte für sie.　　(งั้นเราก็ซื้อเค้กสวยๆ ให้เธอ)

A: Dann machen wir das.　　　　(งั้นเราก็ทำแบบนั้นกัน)

Beispiel 3. Wartezimmer renovieren (ปรับปรุงห้องนั่งรอตรวจ)

Sie beide arbeiten in einer Arztpraxis.   (พวกคุณทั้งสองคน ทำงานในคลีนิคแห่งหนึ่ง)
Ihre Chefin möchte das Wartezimmer renovieren.
หัวหน้าที่เป็นผู้หญิง ของพวกคุณ ต้องการปรับปรุงห้องนั่งรอตรวจ (สำหรับคนไข้)
Sie sollten **Ihrer** Chefin Vorschläge geben.
พวกคุณควรจะช่วยหัวหน้าของคุณเสนอความคิดเห็น

Was möchten Sie organisieren?   (คุณต้องการเตรียมการอย่างไร)

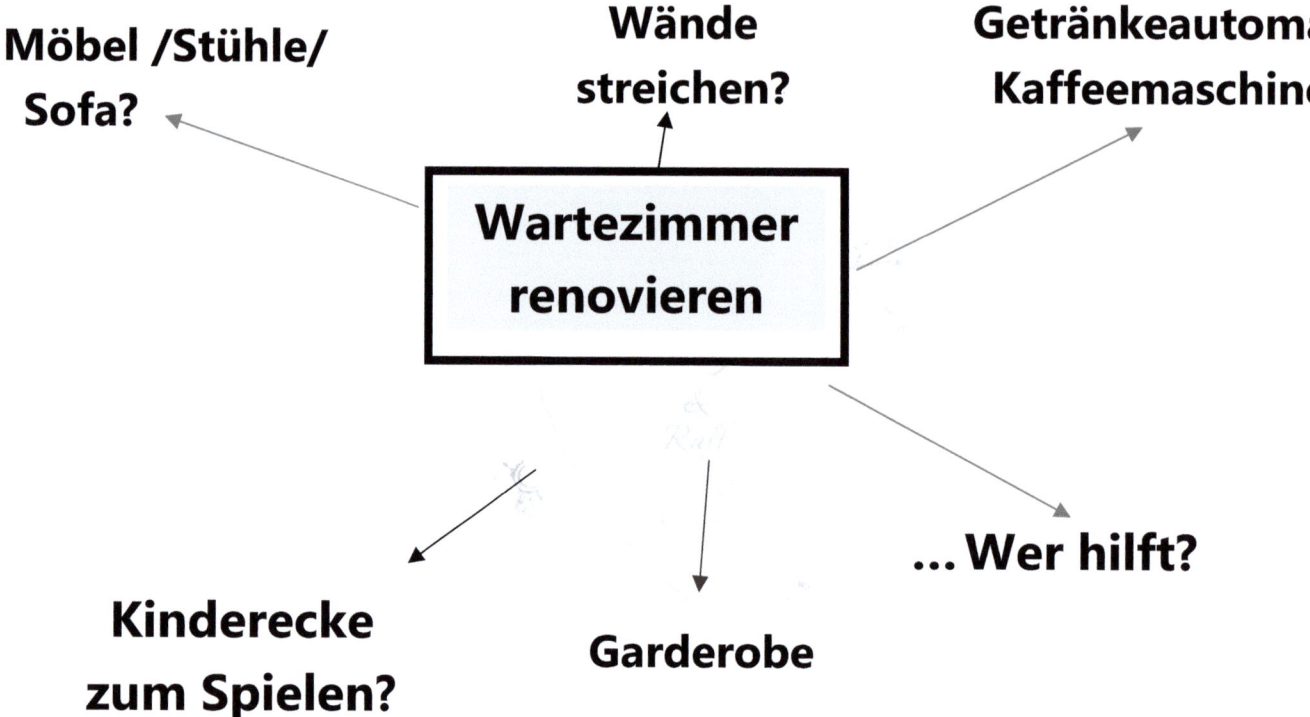

1.   Wände streichen? Farbe?   ทาสีผนังมั้ย   ทาสีอะไร

2.   Getränkeautomat/Kaffeemaschine?   เครื่องขายดื่มอัตโนมัติ/ เครื่องทำกาแฟ

3.   Möbel /Stühle /Sofa?   เฟอร์นิเจอร์/เก้าอี้/โซฟา?

4.   Kinderecke zum Spielen?   มุมเด็ก สำหรับเด็กเล่น

5.   Garderobe?   ตู้เสื้อผ้า ขนาดเล็ก, ที่แขวนเสื้อแจ็คเก็ต

6.   Wer hilft?   (ใครช่วยอีก?)

A: Hallo .....

B. Hallo.....

A: Wie geht es dir?

B: Mir geht es gut, danke und dir?

A: Ja, mir geht es auch gut, danke. (สบายดีเช่นกัน, ขอบคุณ)

A:Weißt du was, unsere Chefin möchte das Wartezimmer renovieren. **Wir** sollten **unserer** Chefin Vorschläge geben. (นี่เธอรู้มั้ย, หัวหน้า (ผู้หญิง)ของพวกเรา ต้องการจะปรับปรุง ห้องรอตรวจในคลีนิค)

A: Kannst du mir bitte helfen, einen Plan zu machen. (คุณช่วยฉันวางแผนได้ไหม)

B: Ja, ich helfe dir gern. (ใช่ ฉันยินดีที่จะช่วยคุณ)

B: Was sollten wir machen? (พวกเราควรจะทำอะไรบ้าง)

A: Ich denke, wir sollten die Wand neu streichen, ich denke, hellviolett ist eine gute Farbe für die Praxis. ฉันคิดว่า พวกเราควรจะทาสีผนังใหม่, ฉันคิดว่าสีม่วงอ่อนเหมาะกับ คลีนิค

A: Was denkst du darüber? (คุณคิดเห็นยังไง) Hast du eine andere Idee? (คุณมีความเห็นอย่างอื่นมั้ย)

B: Ich stimme dir zu. Ich denke, es ist eine gute Idee. ฉันเห็นด้วยกับคุณ, ฉันคิดว่ามันเป็นความคิดที่ดี

A: Ich denke, ich denke, wir sollten eine Kaffeemaschine kaufen. ฉันคิดว่าพวกเราควรซื้อเครื่องทำกาแฟ.

A: Was denkst du darüber? (คุณคิดเห็นยังไง) Hast du eine andere Idee? (คุณมีความเห็นอย่างอื่นมั้ย)

B: Ich stimme dir zu. Ich denke, es ist eine gute Idee, B: Was noch brauchen wir?

A: Ich denke, ich denke, wir sollten auch 10 neue Stühle und 2 Sofas für das Wartezimmer kaufen.

ฉันคิดว่า, พวกเราควรจะซื้อ เก้าอี้ใหม่ 10 ตัว และ โซฟา 2 ตัว.

A: Was denkst du darüber? (คุณคิดเห็นยังไง) Hast du eine andere Idee? (คุณมีความเห็นอย่างอื่นมั้ย)

B: Ich stimme dir zu. Ich denke, es ist eine gute Idee. ฉันเห็นด้วยกับคุณ ,ฉันคิดว่ามันเป็นความคิดที่ดี

A. Ich denke, wir sollten auch eine Kinderecke vorbereiten. Die Kinder können dort spielen.

(ฉันคิดว่า , พวกเราควรเตรียมมุม สำหรับเด็กไว้ด้วย เด็กๆจะได้เล่นที่ตรงนั้น.)

Ich denke, Max und Maria können uns helfen. ฉันคิดว่ามาเรียนและ มั๊ก สามารถมาช่วยพวกเราได้

A: Was denkst du darüber? (คุณคิดเห็นยังไง) Hast du eine andere Idee? (คุณมีความเห็นอย่างอื่นมั้ย)

B: Ich stimme dir zu. Ich denke, es ist eine gute Idee. ฉันเห็นด้วยกับคุณ ,ฉันคิดว่ามันเป็นความคิดที่ดี

A: Ich denke, wir sollten auch eine Garderobe für Patienten haben, um die Jacken aufzuhängen.

A: Was denkst du darüber? (คุณคิดเห็นยังไง) Hast du eine andere Idee? (คุณมีความเห็นอย่างอื่นมั้ย)

B: Prima! Ich stimme dir zu. Ich denke, es ist ein guter Plan.

(เยี่ยมเลย ฉันเห็นด้วยกับคุณ ฉันคิดว่ามันเป็นการวางแผนที่ดี)

Beispiel 4. einen Ausflug machen (จัดทริปเที่ยว)

Sie kennen sich aus dem Deutschkurs und möchten nach der Prüfung einen Ausflug machen.

พวกคุณรู้จักกันในคอร์สเรียนภาษาเยอรมัน และต้องการ ที่จัดทริปเที่ยวกัน หลังจากสอบเสร็จ

Was möchten Sie organisieren?   (คุณต้องการเตรียมการอย่างไร)

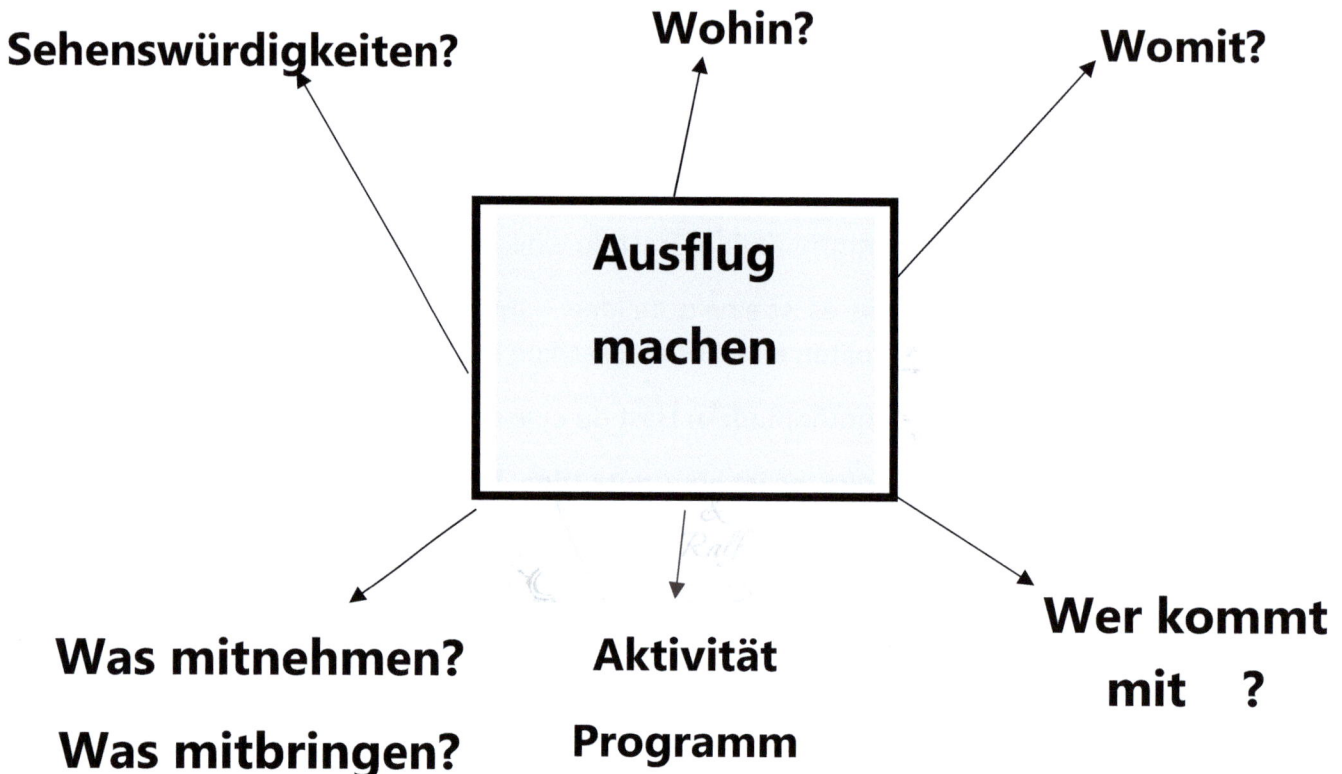

1.Wohin möchten Sie fahren?   พวกคุณต้องการไปที่ไหน

2.Wie möchten Sie reisen/ Womit?   จะเดินทางไปยังไง จะไปรถอะไร

3. Wer kommt mit   ใครจะมาด้วยบ้าง

4: Was möchten Sie unternehmen, Aktivität, Programm   จะทำกิจกรรมอะไรบ้าง

    (Museum, Kino, Wanderung, Rundfahrt,   (ชมพิพิธภัณฑ์, โรงหนัง, เดินป่า , นั่งรถชมเมือง)?

5.Sehenswürdigkeiten   สถานที่ที่น่าไปชม

6.Was möchten Sie mitnehmen   เอาอะไรไปบ้าง

    (Schwimmzeug, Fahrrad, Kamera ...   (ชุดว่ายน้ำ   รถจักรยาน   กล้องถ่ายรูป)

A: Hallo ..... A: Wie geht es dir? คุณสบายดีไหม B. Hallo, mir geht es gut danke und dir? (สบายดีขอบคุณ แล้วคุณล่ะ)

A: Ja, mir geht es auch gut, danke. (สบายดีเช่นกัน, ขอบคุณ)

A: Weißt du was, wir kennen **uns** aus dem Deutschkurs und möchten nach der Prüfung einen Ausflug machen. นี่เธอรู้มั้ย, พวกเรารู้จักกันจาก คอร์ภาษาเยอรมัน และต้องการจัดทริปเที่ยว หลัง จากสอบเสร็จ

A: Kannst du mir bitte helfen, einen Plan zu machen. (คุณช่วยฉันวางแผนได้ไหม)

B: Ja, ich helfe dir gern. ใช่ ฉันยินดีที่จะช่วยคุณ.

B: Wohin sollten wir fahren? เราจะขับรถไปเที่ยวที่ไหนดี

A: Ich denke, wir sollten nach Köln fahren? ฉันคิดว่า, พวกเราไป เมืองโคโลญจน์ กันดีมั๊ย

A: Was denkst du darüber? (คุณคิดเห็นยังไง) Hast du eine andere Idee? (คุณมีความเห็นอย่างอื่นมั๊ย)

B: Ich stimme dir zu. Ich denke, es ist eine gute Idee. ฉันเห็นด้วยกับคุณ ,ฉันคิดว่ามันเป็นความคิดที่ดี
B: Womit sollten wir nach Köln fahren? พวกเราควรนั่งรถอะไรไป

A: Ich denke, wir können mit dem Zug oder mit dem Bus nach Köln fahren.

(ฉันคิดว่า, พวกเราสามารถนั่งรถไฟไปเมืองโคโลญจน์ ได้

A: Was denkst du darüber? (คุณคิดเห็นยังไง) Hast du eine andere Idee? (คุณมีความเห็นอย่างอื่นมั๊ย)

A: Ich denke, es ist eine gute Idee, wir sollten mit dem Zug nach Köln fahren.

A: Ich möchte mit meinem Mann und mit meiner Tochter kommen.

A: Was denkst du darüber? (คุณคิดเห็นยังไง) Hast du eine andere Idee? (คุณมีความเห็นอย่างอื่นมั๊ย)

B: Ich denke, es ist eine gute Idee. **Ich möchte mit meiner Schwester kommen.**

B: Welche Aktivitäten sollten wir in Köln machen? กิจกรรมอะไรบ้างที่พวกเราควรจะทำใน เมืองโคโลญจน์.

A: Ich denke, bei gutem Wetter können wir mit dem Fahrrad fahren.
(ฉันคิดว่า, ถ้าอากาศดี พวกเราก็ไปปั่นจักรยานกัน)

A: Wir können den Kölner Dom und schöne Museen besuchen. Wir können Schokoladenmuseum besichtigen. เราจะไปชม วิหาร เมืองโคโลญจน์ หรือ พิพิธภัณฑ์ ที่สวยๆ เราสามารถไปเยี่ยมชมพิพิธภัณฑ์ ช็อกโกแล็ต ได้ด้วย.

A: Wir können auch ins Schwimmbad gehen. A: Was denkst du darüber? (คุณคิดเห็นยังไง) Hast du eine andere Idee? (คุณมีความเห็นอย่างอื่นมั๊ย)

B: Ich denke, es ist eine gute Idee. ฉันคิดว่ามันเป็นความคิดที่ดี

A: Ich möchte mein Fahrrad und meinen Badeanzug mitbringen. Was möchtest du mitbringen?

(ฉันต้องการเอาชุดว่ายน้ำไปด้วย) (คุณต้องการจะเอาอะไรไป)

B: Ich möchte mein Fahrrad mitbringen und eine Kamera mitbringen.

ฉันจะเอารถจักรยาน ของฉัน และกล้องไปด้วย

A: Prima! Ich denke, es ist ein guter Plan. (เยี่ยมเลย, มันเป็นการวางแผนที่ดี)

A: So machen wir das. (งั้นเราทำตามนี้กันนะ)

จดหมายใหม่ ในช่วง ปี 2022-2024

Schreiben Teil 1 & Teil 2

พร้อมคำแปลภาษาไทย

(Erwachsene)

Schreiben Teil 1:

Beispiel 1:

Es gibt ein Problem in Ihrer Wohnung. Sie brauchen Hilfe von Ihrem Freund Daniel.

(**มี**ปัญหาบางอย่าง ในที่พักของคุณ   คุณต้องการความช่วยเหลือจากเพื่อน (เพื่อนผู้ชาย) Daniel

Schreiben Sie an Ihren Freund.   (เขียนจดหมายถึงเพื่อนของคุณ)

Was ist das Problem / Warum wichtig?   อะไรคือปัญหาในที่พักของคุณ / ทำไม มันจึงสำคัญ

Was soll Ihr Freund tun?   เพื่อนของคุณ ควรจะทำอย่างไร (จะให้เพื่อนช่วยอะไร)

Als Dankeschön Geschenk   ของขวัญ เพื่อเป็นการขอบคุณ (ให้เพื่อน)

Schreiben Sie 20-30 Wörter   **เขียน 20-30 คำ**

Schreiben Sie zu allen drei Punkten.   **เขียนให้ครบทั้ง 3 หัวข้อ**

Bangkok, 19.05.2022

Liebe<u>r</u> Daniel,

<u>ich hoffe, es geht dir gut.</u>   ฉันหวังว่า คุณคงสบายดีนะ

Seit drei Tagen funktioniert <u>die Heizung</u> in meiner Wohnung nicht mehr.

(3 วันมาแล้ว ที่<u>เครื่องทำความอุ่น</u> ในบ้านพักของฉัน ไม่ทำงาน (เสีย/พัง))

Meine Familie und ich <u>brauchen</u> warmes Wasser zum Kochen und Duschen.

(ครอบครัวของฉัน และฉัน (<u>ต้องการ</u>)จำเป็นต้องใช้น้ำอุ่น เพื่อทำอาหาร และเพื่ออาบ)

<u>Deshalb</u> benötige ich deine Hilfe.   <u>ด้วยเหตุนี้</u> ฉันจึง ต้องการความช่วยเหลือจากคุณ

Kannst du mir bitte helfen, die Heizung zu <u>reparieren</u>?

(คุณช่วยฉัน ในการ<u>ซ่อม</u>เครื่องทำความอุ่นได้มั้ย?)

Als Dankeschön möchte <u>ich ein schönes T-Shirt und eine schöne Mütze</u> für dich kaufen.

(เพื่อเป็นการขอบคุณ ฉันต้องการ ซื้อเสื้อเชิ้ต และหมวก ให้คุณ)

Rufe mich bitte später an, ob du kommen kannst.   (ช่วยโทร หาฉันหน่อยนะ, ว่าคุณจะมาได้ หรือไม่ได้)

<u>Ich warte auf deine Antwort und wünsche dir einen schönen Tag.</u>

(ฉันรอคำตอบจากคุณ   และปรารถนาให้คุณ มีวันที่สวยงาม)

Viele Grüße

Chanya

Beispiel 2:

Deine Freundin (Leni) möchte dir eine Konzertkarte kaufen.

(เพื่อนผู้หญิงของคุณ (Leni) ต้องการซื้อตั๋วคอนเสิร์ตให้คุณ 1 ใบ)

- Bedanken Sie sich. **คุณขอบคุณเพื่อน**

- Sie benötigen / brauchen 2 Tickets คุณต้องการ ตั๋วคอนเสิร์ต 2 ใบ

- Warum? (Kurz erzählen) ทำไม (อธิบาย ว่าทำไม ต้องการ 2 ใบ)

Bangkok, 22.02.2022

Liebe Leni,

ich hoffe, es geht dir gut und vielen Dank, dass du **die Konzertkarte** für mich kaufen möchtest. **(ฉันหวังว่า,** คุณคงสบายดี และขอบคุณ, ที่คุณต้องการซื้อ**ตั๋วคอนเสิร์ต**ให้ฉัน)

Ich möchte mit meiner Tochter zum Konzert gehen, **deshalb** brauche ich zwei Karten.

(ฉันต้องการไปดูคอนเสิร์ตกับลูกสาวของฉัน, **เพราะฉะนั้น** ฉันเลยต้องการตั๋ว 2 ใบ

Könntest du mir bitte zwei Konzertkarten kaufen? (คุณช่วยซื้อตั๋วคอนเสิร์ตให้ฉัน 2 ใบได้มั้ย?)

Ich rufe dich später an. เดี๋ยวฉันจะโทรหาคุณ ทีหลัง นะ

Ich **wünsche** dir einen schönen Tag und eine **gesunde** Zeit.

(ฉัน**ปรารถนา** ให้คุณมีวันที่สวยงาม และมี**สุขภาพดี**)

Liebe Grüße

Chanya

Beispiel 3:

Morgen kommt ein Handwerker, um die **<u>Waschmaschine</u>** zu reparieren.

(พรุ่งนี้ จะมีคนงาน (ช่าง), มาเพื่อที่จะซ่อม <u>**เครื่องซักผ้า**</u>)

Aber Sie sind nicht zu Hause.	แต่ว่าคุณ ไม่อยู่บ้าน
Schreiben Sie einen Brief an die Firma ABC.	คุณเขียนจดหมาย ถึงบริษัท นั้น

Erzählen/ Warum sind Sie nicht zu Hause?	อธิบาย / ทำไม คุณถึงไม่อยู่บ้าน
Fragen Sie nach einem neuen Termin.	ขอ ตารางนัดหมายใหม่
Kosten/ <u>Bezahlen?</u> / der Preis	ราคา/ การจ่าย / ราคา (ค่าซ่อม)

Bangkok, 02.02.2022

Sehr geehrte Damen und Herren,

morgen kommt **ein Handwerk** von Ihnen, um **die Waschmaschine** zu reparieren.

(**พรุ่งนี้** จะมี<u>**ช่างซ่อม**</u> มาจาก บริษัทของคุณ, เพื่อที่จะซ่อม <u>**เครื่องซักผ้า**</u>)

Leider bin ich nicht zu Hause, weil ich <u>einen wichtigen Termin</u> mit einer Kundin habe.

(<u>**น่าเสียดาย**</u> ฉันไม่อยู่บ้าน, เพราะว่า ฉันมี<u>**นัดสำคัญ**</u> กับลูกค้า (ผู้หญิง) ของฉัน)

Könnten Sie mir bitte einen neuen **Termin der Reparatur** geben?

(คุณช่วยนัด**ตารางใหม่ เพื่อมาซ่อม**ให้ฉันได้มั้ย?)

Wie viel kostet <u>die Reparatur</u>?	ราคาค่าซ่อม เป็นเท่าไหร่
Kann ich mit meiner Kreditkarte bezahlen?	ฉันสามารถจ่าย ด้วยบัตร เครดิตได้มั้ย

Ich warte auf Ihre Antwort und **bedanke** mich im Voraus.

(ฉันรอคอยคำตอบจากคุณ และ ขอ**ขอบคุณ**ล่วงหน้าสำหรับคำตอบ)

Mit freundlichen Grüßen

Chanyanij Danwongsa

Beispiel 4:

Sie möchten, mit Ihrer Freundin Ilona, <u>ins Kino</u> gehen.

(คุณต้องการไปโรงหนัง กับเพื่อนผู้หญิง ของคุณ Ilona)

Schreiben Sie an Ihre Freundin (Ilona).   (คุณเขียนถึง เพื่อนผู้หญิง ของคุณ Ilona)

- **Welcher Film/ Warum?**   หนังเรื่องอะไร/ ทำไม (ถึงอยากดู)
- **Informieren Sie über den Film**   ให้ข้อมูลเกี่ยวกับหนัง (เรื่องที่จะไปดู)
- **Wann und wo kommt der Film?**   หนังจะฉาย เมื่อไหร่ และ ที่ไหน

Bangkok, 22.02.2022

Liebe Ilona,

<u>ich hoffe, es geht dir gut.</u>   ฉันหวังว่าคุณคงสบายดี

<u>Am kommenden Freitag</u> zwischen 18 und 20 Uhr gibt es einen neuen Film im Kino ABC.

(ในวันศุกร์ ที่จะถึงนี้ ระหว่างเวลา 18 น. ถึง 20 น. จะมีหนังเรื่องใหม่ ที่โรงหนัง ABC.)

Der Film heißt „Bridget Jones Baby" Folge 3 und er ist unser Lieblingsfilm.

(หนังชื่อ เรื่อง „Bridget Jones Baby" ภาค 3 และมันเป็นหนังโปรดของพวกเราสองคน)

Der Film ist eine romantische Komödie und wir warten auf diesen Film schon lange.

(มันเป็นหนัง โรแมนติก ปนตลก และเราก็รอคอยหนังเรื่องนี้ มานานมากแล้ว)

Deshalb würde ich gerne die neue Folge mit dir sehen. ด้วยเหตุนี้ ฉันจึงอยากไปดูหนังกับเธอ

Rufe mich bitte später an, ob du kommen kannst.   (ช่วยโทร หาฉันหน่อยนะ, ว่าคุณจะมาได้ หรือไม่ได้)

หรือ (Sage mir bitte Bescheid, ob du kommen kannst.) ช่วยบอกฉันด้วยนะ,ว่าเธอจะมาได้หรือไม่ได้

<u>Ich warte auf deine Antwort und wünsche dir einen schönen Tag.</u>

(ฉันรอคำตอบจากคุณ   และปรารถนาให้คุณ มีวันที่สวยงาม)

Viele Grüße

Chanya

Beispiel 5

Sie sind unterwegs ins Kino in Ihrer Stadt. Schreiben Sie Ihrem Freund Timm eine SMS.

(คุณกำลังเดินทางไป โรงภาพยนตร์ ในเมืองของคุณ คุณเขียนข้อความถึง เพื่อนผู้ชาย Timm)

Entschuldigen Sie für die Verspätung **คุณขอโทษ สำหรับการมาช้า**

Warum spät? **ทำไม มาช้า**

Sagen Sie, was Ihr Freund tun soll. คุณบอกเพื่อนว่า เพื่อนคุณควรทำอะไร

Bangkok, 02.02.2022

Lieber Timm,

ich möchte mich entschuldigen, dass ich nicht pünktlich bin.

(ฉันต้องการขอโทษ, ที่ฉันไม่ตรงต่อเวลา)

Ich bin ein bisschen spät, denn ich musste meine Katze zum Tierarzt bringen.

(ฉันมาช้านิดนึง, เพราะฉันจะต้องพาแมวของฉันไปหาสัตวแพทย์)

Könntest du bitte an der Information auf mich warten und mir auch Popcorn kaufen? (คุณช่วยรอฉันตรงประชาสัมพันธ์ และ ช่วยซื้อ ป้อปคอร์น ให้ฉันได้มั้ย)

Dann können wir während der Filmzeit Popcorn essen.

(หลังจากนั้น เราก็จะได้กิน ป้อบคอร์น ในโรงหนัง (ตอนดูหนัง) ด้วยกัน

Schreibe mir bitte eine Antwort. **เขียนตอบฉันด้วยนะ**

Bis gleich. **เดี๋ยวเจอกันนะ**

Liebe Grüße

Chanya

Beispiel 6:

Sie sind zu Hause am Abend.   คุณอยู่ที่บ้านของคุณ ในตอนเย็น

Schreiben Sie Ihrer Freundin Leni eine SMS.   ให้คุณเขียนข้อความ ถึงเพื่อนผู้หญิง Leni

Schlagen Sie vor, dass Sie Ihre Freundin am Wochenende treffen möchten.

(เสนอแนะว่า, คุณต้องการพบเพื่อน ในวันหยุดสุดสัปดาห์)

Beschreiben Sie, warum?   (อธิบายว่า, ทำไม)

Nennen Sie die Uhrzeit und den Ort zum Treffpunkt   (บอกเวลา และสถานที่ ที่นัดพบกัน)

Liebe Leni,

ich hoffe, es geht dir gut.   (ฉันหวังว่าคุณคงสบายดี)

Am kommenden Samstag möchte ich dich treffen, weil ich mit dir einkaufen gehen möchte. (ในวันเสาร์ ที่จะถึงนี้ ฉันต้องการจะพบคุณ, เพราะฉันต้องการ ไปช้อปปิ้งกับคุณ)

Wenn es möglich ist, sollten wir uns um 13 Uhr <u>im Einkaufzentrum ABC</u> treffen.

(ถ้าเป็นไปได้, เราควรเจอกัน เวลา 13 น. ที่ <u>ห้างสรรพสินค้า **ABC**</u>

<u>Schreibe mir bitte eine Antwort.</u>   เขียนตอบฉันด้วย นะ

Ich warte auf deine Antwort und freue mich auf unser Treffen.

(ฉันรอคอยคำตอบจากคุณ และดีใจ ที่เราจะได้พบกันอีก)

Liebe Grüße

Chanya

Beispiel 7: ข้อสอบเพิ่มใหม่

(Goethe-Zertifikat A2 am 20.06.2022)

Sie haben am Samstagmorgen einen Termin. (คุณมีนัดตอนเช้าวันเสาร์)

Aber Sie möchten sich am Samstagnachmittag mit Ihrer Freundin (Leni) treffen, weil Sie am Nachmittag Zeit haben. (แต่คุณต้องการพบกับเพื่อนในตอนบ่าย, เพราะคุณมีเวลาช่วงบ่าย)

Schreiben Sie Ihrer <u>Freundin Leni</u> eine SMS. (เขียน ข้อความถึงเพื่อนของคุณ Leni)

Schlagen Sie vor, dass Sie Ihre Freundin <u>am Samstagnachmittag treffen</u> möchten.
(เสนอแนะว่าคุณต้องการจะเจอกัน กับเพื่อนตอนบ่าย)

Beschreiben Sie, warum? (อธิบายว่าทำไม)

Nennen Sie die <u>Uhrzeit und den Ort</u> zum Treffpunkt (บอกเวลา และสถานที่นัดพบ)

Bangkok, 20.06.2022

Liebe Leni,

ich hoffe, es geht dir gut. (ฉันหวังว่า เธอคงสบายดีนะ)

Am Samstagmorgen kann ich nicht dich treffen, weil ich meine Katze zum Tierarzt bringen muss. (วันเสาร์ช่วงเช้า ฉันไม่สามารถมาพบคุณได้, เพราะว่าฉันต้องพาแมวไปหาสัตวแพทย์)

<u>**Wenn es möglich ist**</u>**, sollten wir uns um 13 Uhr <u>im Restaurant ABC</u> treffen.**

(ถ้าเป็นไปได้เราพบควรกันเวลา 13 นาฬิกา ที่ร้านอาหาร **ABC**)

<u>Schreibe mir bitte eine Antwort.</u> (เขียนตอบฉันด้วยนะ)

<u>Ich warte auf deine Antwort.</u>

<u>(ฉันรอคอยคำตอบจากเธอ)</u>

Liebe Grüße

Chanya

Schreiben Teil 2:

Beispiel 1: Sie möchten mit Ihrem Deutschkurs <u>einen Ausflug</u> machen.

(คุณต้องการ<u>จัดทริปเที่ยว</u>กับเพื่อนในคอร์ส เรียนภาษาเยอรมัน)

Schreiben Sie an deine Lehrerin Frau Vogelsang   (เขียนถึง ครู ผู้หญิงของคุณ Frau Vogelsang)

-einladen Lehrer   เชิญคุณครู

-schlagen Sie über den Ausflug vor   เสนอแนะ เกี่ยวกับทริป

-Wann und wo?   ไปเมื่อไหร่ และที่ไหน

Schreiben Sie 30-40 Wörter   เขียน 30-40 คำ

Schreiben Sie zu allen drei Punkten.   เขียนให้ครบทั้ง 3 หัวข้อ

Bangkok, 19.05.2022

Sehr geehrte Frau Vogelsang,

am nächsten Samstag möchten die Teilnehmer und ich einen Ausflug im Zoo in Hua Hin machen.
(ในวันเสาร์หน้า เพื่อร่วมชั้นเรียน และฉันต้องการจัดทริป ในสวนสัตว์ ที่หัวหินกัน)

Deshalb möchten wir Sie <u>einladen</u>, an dem Ausflug teilzunehmen.
(ด้วยเหตุนี้ พวกเราต้องการ<u>เชิญ</u>คุณ, ไปร่วมทริปด้วย) Ich würde vorschlagen.   (ฉันต้องการเสนอ แนะ)

Wenn es möglich ist, können wir morgen den Zoo besuchen.   (ถ้าเป็นไปได้ ตอนเช้า เราไปสวนสัตว์.)

Am Nachmittag können wir ein Museum besichtigen.   (และตอนบ่ายเราไปเยี่ยมชมพิพิธภัณฑ์)

(ถ้ายาว ตัด ออกได้ บางประโยคค่ะ)

Was halten Sie davon?   (คุณคิดเห็นยังไง)

<u>Ich warte auf Ihre Antwort und wünsche Ihnen einen schönen Tag.</u>

(<u>ฉันรอคำตอบจากคุณ และปรารถนาให้คุณมีวันที่ สวยงาม</u>)

Mit freundlichen Grüßen

Chanyanij Danwongsa

Beispiel 2:

Du kannst nicht zum Fußball-Trainingskurs teilnehmen.

(คุณไปร่วมฝึก การเล่นฟุตบอลด้วยไม่ได้)

Schreibe eine E-Mail an **Herrn Liebe**.　　(เขียนถึง　**Herr Liebe**)

- entschuldigen Sie sich (แสดงความขอโทษ)

- Sagen Sie, warum Sie nicht kommen?　(บอกว่าทำมาไม่ได้)

- Wiederkommen/ Fragen Sie nach einem neuen Termin (Wann und wo?).

  (เมื่อไหร่จะกลับมาได้/ ถามถึง การนัดหมายการฝึกครั้งต่อไป)

Schreiben Sie 30-40 Wörter	เขียน **30-40** คำ
Schreiben Sie zu allen drei Punkten.	เขียนให้ครบทั้ง 3 หัวข้อ

An: liebe@hotmail.com

Von:chanya@hotmail.com

　　　　　　　　　　　　　Bangkok, 22.02.2022

Sehr geehrter Herr Liebe,

ich hoffe, es geht Ihnen gut und ich möchte mich entschuldigen.

(ฉันหวังว่า คุณคงสบายดี และ ฉันต้องการแสดงความขอโทษ)

Leider kann ich morgen nicht zum Fußballtraining kommen, weil ich einen wichtigen Arzttermin habe. (น่าเสียดาย ฉันไม่สามารถไปฝึกฟุตบอลกับคุณได้, เพราะว่าฉันมีนัดสำคัญกับหมอ)

Nächste Woche kann ich wieder zum Trainingskurs kommen. (สัปดาห์หน้า ฉันจะกลับมาร่วมฝึกได้)

Könnten Sie mir bitte einen neuen Termin geben?　　　คุณช่วยนัดตาราง ใหม่ให้ฉันได้มั้ย

(Wann und wo soll ich am Kurs teilnehmen?)　　　　เมื่อไหร่ ฉันควรจะมาร่วมฝึกอีก

Ich warte auf Ihre Antwort und wünsche Ihnen einen schönen Tag.

(ฉันรอคำตอบจากคุณ และปรารถนาให้คุณมีวันที่ดี)

Mit freundlichen Grüßen

Chanyanij Danwongsa

Beispiel 3:

Sie möchten ins Konzert gehen und möchte Konzertkarte kaufen.

(คุณต้องการจะไปชมคอนเสริ์ต และต้องการซื้อตั๋วคอนเสริ์ต)

Schreiben Sie an die Firma Online-Ticket. **เขียนถึงบริษัทขายตั๋วออนไลน์**

Wann und wo das Konzert stattfinden? **เมื่อไหร่ และที่ไหน จะมีคอนเสริ์ต**

Informieren Sie, warum möchten Sie die Konzertkarte kaufen /Ihre Meinung zum Konzert.
(แจ้งว่า ทำไมคุณต้องการซื้อตั๋วคอนเสร์ต / แสดงความคิดเห็นต่อ การชมคอนเสริ์ต

Fragen Sie nach dem Preis (die Kosten / der Preis) **ถามราคา (ค่าตั๋ว คอนเสริ์ต)**

Bangkok, 22.02.2022

Sehr geehrte Damen und Herren,

ich schreibe Ihnen, weil ich zwei Konzertkarten kaufen möchte.

(ฉันเขียนถึงคุณ,เพราะว่า ฉันต้องการ ซื้อตั๋วคอนเสริ์ต 2 ใบ)

Ich denke, dass der Besuch eines Konzerts Unterhaltung ist, deshalb würde ich gerne mit meinem Freund im August zu dem Konzert gehen.

(ฉันคิดว่า การชมคอนเสร์ต ให้ความสนุกสนาน เพลิดเพลิน, ด้วยเหตุนี้ ฉันจึงอยากไปชมคอนเสริ์ตกับเพื่อน ในเดือนสิงหาคม)

Gibt es in diesem Monat ein Konzert? Wo sollte das Konzert stattfinden?

(มีคอนเสริ์ต บ้างไหม ในเดือนสิงหาคม ? และคอนเสริ์ตจะจัดที่ไหน)

Außerdem habe ich einige Fragen an Sie. นอกจากนี้ ฉันยังมีคำถาม 2-3 คำถามที่จะถามคุณ

Welche Arten von Konzertkarten bieten Sie an? คุณจำหน่ายตั๋วประเภทไหนบ้าง

Wie viel kostet das Ticket? ราคา ตั๋วเท่าไหร่

Könnten Sie mir bitte weitere Informationen zum Konzert mitteilen?

(คุณช่วยให้ข้อมูล เพิ่มเติมเกี่ยวกับคอนเสริ์ต ได้มั้ย)

Ich warte auf Ihre Antwort und bedanke mich im Voraus.

(ฉันรอคอยคำตอบจากคุณ และขอบคุณล่วงหน้าสำหรับคำตอบ)

Mit freundlichen Grüßen

Chanyanij Danwongsa

PS: เขียนเฉพาะ หัวข้อที่โจทย์ ถามมานะคะ เขียนประโยคไว้เป็นตัวอย่าง เพื่อนำไปประยุกต์ใช้กับโจทย์ อื่นๆ ได้ด้วยค่ะ

Beispiel 4: **Ihre Nachbarin**, **Frau Liebe,** möchte ein Gartenfest machen.

(เพื่อนบ้านผู้หญิงของคุณ Frau Liebe, ต้องการจัดงานฉลอง (งานเลี้ยง/ สังสรรค์)ในสวน)

Sie hat Ihnen **eine Einladung** zum Gartenfest geschickt. (หล่อนได้ส่ง **คำเชิญ**ให้คุณไปร่วงานเลี้ยง)

Schreiben Sie **Frau Liebe** eine E-Mail. (เขียนอีเมล์ ถึง Frau Liebe)

- **Bedanken Sie sich.** **(ขอบคุณ (สำหรับคำเชิญ)**
- **Sagen Sie, dass Sie kommen können.** **(บอกว่า, คุณจะไปร่วมงานได้)**

/Informieren Sie, dass Sie jemanden mitbringen möchten. (แจ้งว่า, คุณจะเอาใครบางคนไปด้วย)

- **Fragen Sie nach dem Weg** **(ถามทางไปงานเลี้ยง)**

An: liebe@hotmail.com
Von:chanya@hotmail.com

Bangkok, 12.12.2021

Sehr geehrte Frau Liebe,

ich hoffe, es geht Ihnen gut und **ich bedanke mich für die Einladung.**

(ฉันหวังว่า คุณคงสบายดี และฉันขอขอบคุณสำหรับคำเชิญไปงาน)

Ich werde gerne zum Gartenfest kommen. ฉันจะไปร่วมงานเลี้ยง

Ich möchte mit meiner Mutter und meinem Vater kommen. (ฉันต้องการไป กับคุณแม่และคุณพ่อของฉัน)

Darf ich meine Eltern zu Ihrer Hochzeitsfeier mitbringen? (ให้ฉัน พาคุณพ่อคุณแม่ของฉันไปด้วยได้มั้ย)

Außerdem habe ich noch einige Fragen an Sie. **(นอกจากนี้** ฉันมีคำถาม สองสามคำถามที่จะถาม คุณ)Wo sollte das Gartenfest stattfinden? งานเลี้ยงจัดที่ไหน

Könnten Sie mir bitte den Weg zu dem Gartenfest beschreiben?

(คุณช่วย อธิบายทางไปสถานที่จัดงานเลี้ยงได้มั้ย)

Ich warte auf Ihre Antwort und wünsche Ihnen einen schönen Tag.

(ฉันรอคำตอบจากคุณ และปรารถนาให้คุณมีวันที่สวยงาม)

Mit freundlichen Grüßen

Chanyanij Danwongsa

Beispiel 5:

Ihre Chefin, **Frau Liebe,** möchte eine Veranstaltung organisieren.

(หัวหน้าผู้หญิงของคุณ Frau Liebe, ต้องการจัดงานนิทรรศการ)

Sie hat Ihnen eine Einladung zur Veranstaltung geschickt.

(หล่อนได้ส่งคำเชิญให้คุณไปร่วมงานนิทรรศการนั้น)

Schreiben Sie **Frau Liebe** eine E-Mail.	เขียนอีเมล์ ถึง Frau Liebe
- **Sagen Sie, dass Sie kommen können.**	บอกว่า, คุณจะมาร่วมงานได้
- **Erzählen Sie, was möchten Sie machen**	อธิบายว่า คุณอยากทำอะไรบ้าง
- **Warum möchten Sie das machen?**	ทำไมคุณถึงอยากทำสิ่งนั้น

An: liebe@hotmail.com

Von:chanya@hotmail.com

Bangkok, 03.03.2022.

Sehr geehrte Frau Liebe,

ich hoffe, es geht Ihnen gut und **ich bedanke mich für die Einladung.**

(ฉันหวังว่า, คุณคงสบายดี และ ฉันขอขอบคุณสำหรับคำเชิญ)

Ich werde gerne zur Veranstaltung kommen.   (ฉันยินดีที่จะไปร่วมงานนิทรรศการ)

Ich möchte viele Plakate über gesundes Leben machen, weil die Informationen sehr nützlich für Menschen sind.

(ฉันต้องการ ทำโปสเตอร์ (หลายๆแผ่น)เรื่องการใช้ชีวิตให้มีสุขภาพดี, เพราะว่าข้อมูลมันเป็นประโยชน์ ต่อคนเรา)

Was halten Sie davon?   (คุณมีความคิดเห็น ยังไง)

Ich warte auf Ihre Antwort und wünsche Ihnen einen schönen Tag.

(ฉันรอคำตอบจากคุณ และปรารถนาให้คุณมีวันที่สวยงาม)

Mit freundlichen Grüßen

Chanyanij Danwongsa

Beispiel 6:

Sie möchten an einem Tenniskurs teilnehmen. คุณต้องการเรียนคอร์ส ฝึกเท็นนิส

Schreiben Sie **an die Sportschule ABC** เขียนถึง โรงเรียนกีฬา ABC

- **Grund für Ihr Schreien** เหตุผลที่เขียน

- **Fragen Sie nach der Information** ถามข้อมูล (เกี่ยวคอร์ส)

- **Wann und wie lange dauert der Kurs?** ระยะเวลาของคอร์ส เรียนเมื่อไหร่ และนานแค่ ไหน

Bangkok, 03.03.2022.

Sehr geehrte Damen und Herren,

ich schreibe Ihnen, weil ich mich für Tenniskurs bei Ihnen interessiere.

(ฉันเขียนถึงคุณ, เพราะว่า ฉันสนใจ ในเท็นนิส คอร์สของคุณ)

Deshalb habe ich einige Fragen an Sie. (ด้วยเหตุนี้ ฉันจึงมี คำถาม สองสามคำถามที่จะถามคุณ)

Wie viel kostet der Kurs? (คอร์สเรียน ราคาเท่าไหร่?)

Wann fängt der Kurs an und wie lange dauert der Kurs?

(คอร์สเริ่ม เมื่อไหร่ และ ระยะเวลาของคอร์ส นานแค่ไหน)

(Wo sollte der Tenniskurs stattfinden?) (คอร์สเรียน ตั้งอยู่ที่ไหน)

Ich warte auf Ihre Antwort und bedanke mich im Voraus.

(ฉันรอคอยคำตอบจากคุณ และขอบคุณล่วงหน้าสำหรับคำตอบ)

Mit freundlichen Grüßen

Chanyanij Danwongsa

Beispiel 7:
ข้อสอบเพิ่มใหม่ Goethe-Zertifikat A2 (am 20.06.2022)

Ihre Chefin, **Frau Liebe,** möchte ein <u>Sommerfest</u> machen.

Frau Liebe (หัวหน้า(ผู้หญิง) ของคุณต้องการจัดปาร์ตี้ช่วงฤดูร้อน (เทศกาลฤดูร้อน)

Sie <u>hat</u> Ihnen eine Einladung zum <u>Sommerfest</u> geschickt.

(เธอได้เชิญคุณมางาน (ส่งคำเชิญไปงานปาร์ตี้ฤดูร้อนให้คุณ)

Schreiben Sie **Frau Liebe** eine E-Mail.

- **Bedanken Sie sich.**   (ขอบคุณ)

- **Sagen Sie, dass Sie kommen können.**   (บอกว่าคุณมาได้)

- **Informieren Sie, dass Sie ein bisschen spät kommen.**   (แจ้งว่าคุณจะมาช้านิดนึง)

Schreiben Sie 30–40 Wörter

Schreiben Sie zu allen drei Punkten.

An: <u>liebe@hotmail.com</u>

Von: chanya@hotmail.com

Bangkok, 20.06.2022

Sehr geehrte Frau Liebe,

<u>ich hoffe, es geht Ihnen gut</u> und **ich bedanke mich für die Einladung.**

(ฉันหวังว่าคุณสบายดี และฉันขอขอบคุณที่คุณเชิญฉันมา ร่วมฉลอง)

Ich werde gerne <u>zum Sommerfest</u> kommen, aber ich werde etwas später zum Fest

gehen, weil ich einen wichtigen Termin mit einem Kunden habe

(ฉันยินดีจะมาร่วมงาน, แต่ฉันจะไปงานเลี้ยงสายหน่อย, เพราะฉันมีนัดสำคัญกับลูกค้า)

<u>Ich wünsche Ihnen einen schönen Tag.</u>

<u>(ฉันขออวยพรให้คุณมีวันที่ดี)</u>

Mit freundlichen Grüßen

Chanyanij Danwongsa

Beispiel 8: Goethe-Zertifikat A2 (17.07.2023)

Der Handwerker möchte heute kommen, um **die Waschmaschine** zu **reparieren.**

(วันนี้ช่างซ่อมต้องการจะมา**ซ่อม**เครื่องซักผ้า)

Sie sind nicht zu Hause.   (คุณไม่อยู่บ้าน?)

Schreiben Sie **eine E-Mail** an die Firma ABC   (เขียนอีเมลถึงบริษัท ABC)

- **entschuldigen** Sie sich   (แสดงความ**ขอโทษ**)

- Sagen Sie, warum Sie **nicht zu Hause** sind?   (บอกว่า, ทำไมคุณ**ไม่อยู่บ้าน?**)

- Fragen Sie nach einem neuen **Termin**   (ถามถึง **การนัดหมาย**ใหม่)

Schreiben Sie 30–40 Wörter   เขียน 30–40 คำ

Schreiben Sie zu allen drei Punkten.   เขียนให้ครบทั้ง 3 หัวข้อ.

An: ABCfirma@hotmail.com

Von: chanya@hotmail.com

Bangkok, 22.02.2022

Sehr geehrte Damen und Herren,

ich schreibe Ihnen, weil ich mich **entschuldigen** möchte.

(**ฉันเขียนถึงคุณ,** เพราะว่าฉันต้องการจะ**ขอโทษ**)

Heute um 11 Uhr wird **der Handwerker** Ihrer Firma zu mir kommen, um die Waschmaschine zu **reparieren.**   (วันนี้เวลา 11.00 น. **ช่าง**

ซ่อมจากบริษัทของคุณจะมาหาฉัน, เพื่อที่จะ**ซ่อม**เครื่องซักผ้า)

Leider bin ich nicht zu Hause, weil ich einen wichtigen **Arzttermin** habe.
(**น่าเสียดาย** ฉันไม่ได้อยู่ที่บ้าน, เพราะว่าฉันมี**นัด**สำคัญ**กับหมอ**)

Nächste Woche habe ich Zeit. (**สัปดาห์หน้า** ฉันมีเวลา)

Könnten Sie mir bitte **einen neuen Termin** geben?
(คุณช่วยนัด**ตาราง ใหม่**ให้ฉันได้มั๊ย)

Ich warte auf Ihre Antwort und **wünsche** Ihnen einen schönen Tag.

(ฉันรอคำตอบจากคุณ และ**ปรารถนา**ให้คุณมีวันที่ดี)

Mit freundlichen Grüßen

Chanyanij Danwongsa

Beispiel 9: (am 17.11.2024)

Ihr Nachbar, Herr Will, bekommt am nächsten Samstag einen neuen **Kleiderschrank.**

(**เพื่อนบ้าน(ผู้ชาย)**ของคุณ ได้**ตู้เสื้อผ้า**ใหม่ วันเสาร์ที่กำลังจะมาถึงนี้)

Er braucht Hilfe beim **Zusammenstellen** und bittet um **Ihre Hilfe.**

(เขาต้องการความช่วยเหลือจากคุณ ใน**การประกอบ** ตู้เสื้อผ้าของเขาและขอ**ความช่วยเหลือของคุณ**)

Sie sind nicht zu Hause.   (คุณไม่อยู่บ้าน?)

Schreiben Sie eine **E-Mail** an Herrn Liebe   (เขียนอีเมลถึง **Herr Liebe**)

-   **Grund des Schreibens**   (แสดงความ**ขอโทษ**)

-   Sagen Sie, wann Sie zurückkommen?   (บอกว่า, ทำไมคุณ**ไม่อยู่บ้าน**?)

-   Fragen Sie nach einem neuen **Termin.**   (ถามถึง **การนัดหมาย**ใหม่)

Schreiben Sie 30–40 Wörter	เขียน 30–40 คำ
Schreiben Sie zu allen drei Punkten.	เขียนให้ครบทั้ง 3 หัวข้อ.

An: will@hotmail.com

Von: chanya@hotmail.com

Bangkok, 17.11.2024

Lieber Herr Will,

am kommenden Samstag bekommen Sie einen **neuen Kleiderschrank** und Sie brauchen meine Hilfe. (**วันเสาร์ที่จะถึง**คุณจะได้**ตู้เสื้อผ้า ใหม่**และต้องการความช่วยเหลือจากฉัน)

Leider bin ich nicht zu Hause, weil ich einen **Urlaub** in Japan mache.
(**น่าเสียดาย** ฉันไม่ได้อยู่ที่บ้าน, เพราะว่าฉันฉัน**ไปเที่ยวพักผ่อน**ที่ญี่ปุ่น)

Deshalb möchte ich Sie darüber **informieren**.
(**ด้วยเหตุนี้** ฉันจึงอยากจะ**แจ้ง**ให้คุณทราบ)

Nächste Woche komme ich am Sonntag **zurück** und kann Ihnen helfen.

(สัปดาห์หน้าฉันจะกลับมาในวันอาทิตย์และสามารถช่วยเหลือคุณได้)

Könnten Sie mir bitte **sagen**, **wann** ich Ihnen helfen sollte?

(คุณช่วย**บอก**ฉันได้ไหมว่า,   **เมื่อไหร่** จะให้ฉันไปช่วย)

Ich warte auf Ihre Antwort und **wünsche** Ihnen einen schönen Tag.

(ฉันรอคำตอบจากคุณ และ**ปรารถนา**ให้คุณมีวันที่ดี)

Mit freundlichen Grüßen

Chanyanij Danwongsa

PRÜFUNGSVORBEREITUNG

(การเตรียมตัวสอบ)

telc Deutsch A2 (START DEUTSCH 2)

SCHREIBEN UND SPRECHEN

(การเขียน และการพูด)

Testformat (รูปแบบข้อสอบ) telc Deutsch A2 (START DEUTSCH 2)

1 Hören ca. 20 Minuten 15 Punkte
การฟัง ใช้เวลาประมาณ 20 นาที มีจำนวน 15 ข้อ คะแนนเต็ม 15 คะแนน

ส่วนของการฟัง แบ่งเป็น 3 ส่วน อันดับแรก ให้เราอ่านโจทย์ เสร็จแล้วตั้งใจฟัง และตอนท้าย ค่อย กรอกคำตอบลงในกระดาษคำตอบ

Teil 1 ส่วนที่ 1 (ข้อ 1-5)

เราจะได้ยินประกาศ ทางโทรศัพท์ และให้กรอกข้อความ หรือจดโน๊ต ข้อความลงไป คุณจะได้ฟัง ข้อความเสียง 2 ครั้ง

Teil 2 ส่วนที่ 2 (ข้อ 6-10)

เราจะได้ฟังข้อมูล 5 ข้อมูลจากวิทยุ ฟังเสร็จมาเลือก ตอบคำถาม (ข้อสอบตัวเลือกจะมี ตัวเลือก 3 ตัว คือ a, b, c และให้เลือกตอบ 1 ข้อ)

Teil 3 ส่วนที่ 3 (ข้อ 11-15)

เราจะได้ฟังบทสนทนา 1 บทสนทนา แล้วตอบคำถามทั้งหมด 5 ข้อ โดยเลือกจับคู่ ตัวอักษร a-i แล้วมาเลือกเติมในช่องว่าง

ข้อ 11-15 (คุณจะได้ยินบทสนทนา 2 ครั้ง)

Lesen การอ่าน และ Schreiben การเขียน

(ทั้ง 2 ส่วน การอ่านละการเขียน ใช้เวลาทั้งหมดรวมกัน 50 นาที)

Lesen การอ่านประกอบด้วย 3 ส่วน

Teil 1 ส่วนที่ 1 (ข้อ 1-5)

คุณจะได้อ่านป้ายประชาสัมพันธ์ (ให้ข้อมูล) และตอบโจทย์ ข้อ 1-5 เลือก ตอบคำถาม (ข้อสอบ ตัวเลือกจะมี ตัวเลือก 3 ตัว คือ a, b, c และให้เลือกตอบ 1 ข้อ)

Teil 2 ส่วนที่ 2

คุณจะได้อ่านข้อความ ยาวๆ (ประมาณ 150-200 คำ) แล้วมาตอบคำถาม ข้อ 6-10 คือเป็นการเลือกตอบ ถูก richtig (+) หรือ ผิด falsch (-)

Teil 3 ส่วนที่ 3 (ข้อ 11-15)

คุณจะได้อ่านป้ายประกาศ จำนวน 8 ป้าย a-h แล้วมาจับคู่กับคำถาม ข้อ 11-15

3. Schreiben การเขียน แบ่งเป็น 2 ส่วน

Teil 1 ส่วนที่ 1   กรอกแบบฟอร์ม (สมัครอะไรสักอย่าง) ein Formular aus füllen กรอกคำที่หายไปลงในแบบฟอร์มที่โจทย์กำหนด (จำนวน 5 คำ)

Teil 2 ส่วนที่ 2 Schreiben การเขียน จดหมายแบบสั้นๆ einen kurzen Brief (ประมาณ 40 คำ)

4. Sprechen การพูด มี 3 ส่วน ทั้ง 3 ส่วนรวมกันใช้เวลา 15 นาที (ประมาณ 7.5 นาทีต่อคน)

Teil 1: Sich vorstellen (การพูดแนะนำตัว ใช้เวลาประมาณ 3 นาที หรือคนละ นาทีครึ่ง) ในการพูดแนะนำตัว จะต้องพูด **7** หัวข้อ จะมีคำกำหนดไว้ให้ ในกระดาษชีท

Teil 2 ส่วนที่ 2 พูดสนทนา (ถาม-ตอบ)เกี่ยวกับกิจวัตรประจำวันของเรา

(ประมาณ 4 นาที)

หัวข้อ (คำ) ที่เราจะต้องพูด กรรมการ จะมี บัตรคำ มาวางบนโต๊ะ ให้เราเลือกหยิบมา 2 แผ่น (**เลือกบัตรคำ คนละ 2 ใบ**) และกรรมการ **จะให้ Joker มาเพิ่ม อีก 1 บัตรคำ** Joker หรือตัวช่วย (คือเราจะถาม คำถามอะไร ก็ได้ ค่ะ ที่เกี่ยวกับชีวิตประจำวัน) แล้วเราก็ถามคำถามคู่ของเรา (ถ้าเพื่อนถามเราก็ต้องเป็นฝ่ายตอบ)สลับกัน ถามตอบ ทีละคำถาม จนครบคนละ **3** คำถาม

(***และถ้าเพื่อนถามคำถามเรา เราก็ต้องเป็นฝ่ายตอบคำถาม ตอบคำถามเสร็จ เราก็ถามคำถามกลับ จนครบคนละ **3** คำถาม***)

(ถามตอบ จำนวน 3 คำถาม และ ตอบ 3 คำตอบ)

Teil 3: Etwas aushandeln / Gemeinsam etwas planen (ca. 4Minuten)

ส่วนที่ 3 การเจรจาต่อรองอะไรบางอย่างร่วมกัน (ซึ่งใช้หลักการเดียวกันกับการวางแผนอะไรสักอย่างร่วมกัน) (ประมาณ 4 นาที)

ผลสอบ

คะแนนเต็ม 60 คะแนน (Lesen: การอ่าน 15 คะแนน, Hören: การฟัง 15 คะแนน, Schreiben: การเขียน 15 คะแนน และSprechen: การพูด 15 คะแนน) เราจะต้องทำคะแนนได้อย่างน้อย **(60%) หรือ 36 คะแนนจาก 60 คะแนน**

***** เราจะต้องทำคะแนนรวมทุกส่วน ได้คะแนนไม่ต่ำกว่า 60% หรือ 36 คะแนน ถึงจะได้ใบประกาศระดับ A2 ค่ะ*****

*** ต้องซื่อสัตย์ต่อตนเอง และผู้อื่น และเคารพ กฏกติกา ในห้องสอบ การทำข้อสอบ ห้ามทุจริตในการสอบ ห้ามใช้อุปกรณ์ช่วยเหลือใดๆทั้งสิ้น อย่างเช่น มือถือ พจนานุกรม ต่างๆ***

4. Sprechen การพูด มี 3 ส่วน ทั้ง 3 ส่วนรวมกันใช้เวลา 15 นาที (ประมาณ 7.5 นาทีต่อคน)

Teil 1: **Sich vorstellen** (การพูดแนะนำตัว ใช้เวลาประมาณ 3 นาที หรือคนละ นาทีครึ่ง) ใน การพูดแนะนำตัว จะต้องพูด **7** หัวข้อ จะมีคำกำหนดไว้ให้ ในกระดาษชีท

Teil 2 ส่วนที่ 2 พูดสนทนา **(ถาม-ตอบ)**เกี่ยวกับกิจวัตรประจำวันของเรา

(ประมาณ 4 นาที)

หัวข้อ (คำ) ที่เราจะต้องพูด กรรมการ จะมี บัตรคำ มาวางบนโต๊ะ ให้เราเลือกหยิบมา 2 แผ่น (**เลือก บัตรคำ คนละ 2 ใบ**) และกรรมการ **จะให้ Joker มาเพิ่ม อีก 1 บัตรคำ** Joker หรือตัวช่วย (คือเราจะถาม คำถามอะไร ก็ได้ ค่ะ ที่เกี่ยวกับชีวิตประจำวัน) แล้วเราก็ถามคำถามคู่ของเรา (ถ้า เพื่อนถามเราก็ต้องเป็นฝ่ายตอบ)สลับกัน ถามตอบ ทีละคำถาม จนครบคนละ **3** คำถาม

(***และถ้าเพื่อนถามคำถามเรา เราก็ต้องเป็นฝ่ายตอบคำถาม ตอบคำถามเสร็จ เราก็ถามคำถาม กลับ จนครบคนละ 3 คำถาม***)

(ถามตอบ จำนวน 3 คำถาม และ ตอบ 3 คำตอบ)

Teil 3: **Etwas aushandeln / Gemeinsam etwas planen (ca. 4Minuten)**

ส่วนที่ 3 การเจรจาต่อรองอะไรบางอย่างร่วมกัน (ซึ่งใช้หลักการเดียวกันกับการวางแผนอะไรสัก อย่างร่วมกัน) (ประมาณ 4 นาที)

Quelle: แหล่งที่มา:

telc Start Deutsch 2 / telc Deutsch A2 (Die Prüfung für allgemeinsprachliches Deutsch)

https://www.telc.net/sprachpruefungen/deutsch/start-deutsch-2-telc-deutsch-a2/

Schreiben, Teil 1

Ihr Bekannter Koishiro möchte im Internet Deutsch lernen und muss für die Anmeldung ein Formular ausfüllen. Er bittet Sie um Hilfe.

Schreiben Sie die fünf fehlenden Informationen in das Formular. Am Ende übertragen Sie Ihre Lösungen auf den Antwortbogen.

Name:	Hondasugar
Vorname:	Koishiro
geb. am:	19.11.1983
geb. in:	Nagoya
wohnhaft in:	Blumenstraße 9
	Bangkok (Thailand)

Bank ABC

Mastercard

Kreditkarte)

Koishiro Hondasugar

Nr.1234 5678 9011 12

gültig: 11/2024–11 / 2029

Koishiro hat Medizin studiert und lebt in Bangkok.

Er ist verheiratet mit Kumiko (29) und hat zwei Töchter.

Er ist Arzt und spielt in seiner Freizeit gerne Fußball. Seine Muttersprache ist Japanisch und er spricht auch perfekt Französisch, aber noch gar kein Deutsch.

Beispiel

0 Familienname	Hondasugar		
Familienname:	Hondasugar	0	
Vorname:	Koishiro		
Wohnort:		1	
Land:	Thailand		
Straße:	Blumenstraße 9	3	
Geburtsdatum		2	
Geburtsort		3	
Nationlität			
Geschlecht:	☐ weiblich ☒ männlich ☐ divers		
Familienstand:		4	
Beruf	Arzt		
Tragen Sie auch Folgendes ein	Deutschkurs		
Muttersprache:	Japanisch		
Fremdsprachen/ Andere Sprachen		5	

Die Lösung: เฉลย (พร้อมคำแปลภาษาไทย)

Ihr Bekannter Koishiro möchte im Internet Deutsch lernen und muss für die Anmeldung ein

Formular ausfüllen. Er bittet Sie um Hilfe.

Schreiben Sie die fünf fehlenden Informationen in das Formular.

Am Ende übertragen Sie Ihre Lösungen auf den Antwortbogen.

Name:	Hondasugar
Vorname:	Koishiro
geb. am:	19.11.1983
geb. in:	Nagoya
wohnhaft in:	Blumenstraße 9
Bangkok (Thailand)	

Bank ABC

Mastercard

Kreditkarte)

Koishiro Hondasugar

Nr.1234 5678 9011 12

gültig: 11/2024–11 / 2029

Koishiro hat Medizin studiert und lebt in Bangkok.

Er ist verheiratet mit Kumiko (29) und hat zwei Töchter.

Er ist Arzt und spielt in seiner Freizeit gerne Fußball. Seine Muttersprache ist Japanisch und er spricht auch sehr gut Französisch, aber noch gar kein Deutsch.

Die Lösung: เฉลย (พร้อมคำแปลภาษาไทย)

Beispiel			
0 Familienname	**Hondasugar**		
Familienname: นามสกุล	Hondasugar	**0**	
Vorname: ชื่อตัว	Koishiro		
Wohnort: ที่อยู่อาศัย	Bangkok	**1**	
Land: ประเทศ	Thailand		
Straße: ถนน	Blumenstraße 9		
Geburtsdatum: วัน เดือน ปี เกิด	19.11.1983	**2**	
Geburtsort: สถานที่เกิด	Nagoya	**3**	
Nationlität: สัญชาติ:	Japanisch		
Geschlecht: เพศ **weiblich** เพศหญิง **männlich** เพศชาย **divers** เพศอื่นๆ (ที่ไม่ใช่ชายและหญิง)	☐ weiblich ☒ männlich ☐ divers		
Familienstand: สถานภาพสมรส	verheiratet	**4**	
Beruf: อาชีพ	Arzt		
Tragen Sie auch Folgendes ein (กรุณากรอกข้อความต่อไปนี้ด้วย)	Deutschkurs		
Muttersprache: ภาษาแม่	Japanisch		
Fremdsprachen/ Andere Sprachen: (ภาษาต่างประเทศ (ที่พูดได้)	Französisch	**5**	

คำแนะนำเพิ่มเติม สำหรับผู้ที่เตรียมตัวสอบ ของ **telc** Deutsch A2 (START DEUTSCH 2)

Schreiben การเขียน **Teil 2** ใช้แนวทางการเขียน เช่นเดียวกันกับ Goethe-Zertifikat A2 (Erwachsene)

ค่ะ การสอบเขียนจะแตกต่าง ตรง **Teil 1** โดย ของ telc จะเป็นการกรอกแบบฟอร์ม ตามตัวอย่างนะคะ

โดยปกติแล้ว ในข้อสอบจะให้เติมคำในช่องว่างเพียง 5 ช่อง 5 คำตอบ

Bespiel 1:

Ihr Bekannter Koishiro Honda möchte Deutsch lernen und er muss für die Anmeldung ein Formular im Internet ausfüllen. Sie sollten ihm helfen, das Formula auszufüllen.

(คนรู้จัก (ผู้ชาย) ของคุณคนนึง Koishiro Honda ต้องการ เรียนภาษาเยอรมันทางอินเตอรเน็ต และเขาจะต้องลงทะเบียน

โดยกรอกแบบฟอร์ม อินเตอร์เน็ต คุณต้องช่วยเขาในการกรอกแบบฟอร์ม ใบนั้น)

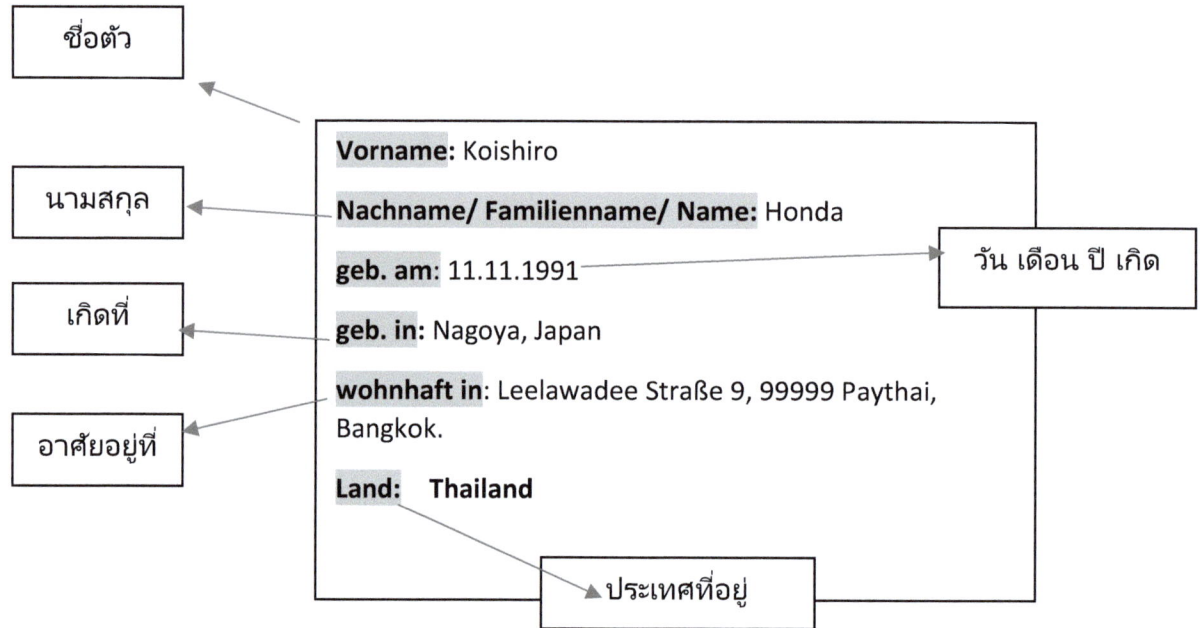

Koishiro Honda lebt in Bangkok, Thailand und er ist verheiratet mit Kumiko (29) und hat **eine Tochter** und **einen Sohn**.

(Koishiro Honda อาศัยอยู่ที่ กรุงเทพมหานคร, ประเทศไทย และ เขาแต่งงาน กับ Kumiko (อายุ 29 ปี)

และมี**ลูกสาว 1** คน **ลูกชาย 1 คน**)

Er hat **Lehramt** in **Japan** studiert und er ist **Lehrer.**
(เขา เรียนจบ **วิชาครู จาก ประเทศญี่ปุ่น** และเขา **เป็นครู)**

Er spielt gerne **Tennis in** seiner **Freizeit.** **(**เขาชอบ**เล่น เทนนิส** ใน**เวลาว่าง**ของเขา**)**

Seine **Muttersprache ist Japanisch** und er spricht auch sehr **gut Englisch**, ein bisschen Thailändisch und leider kann er gar nicht Deutsch sprechen.

(**ภาษาแม่**ของเขา คือ**ภาษาญี่ปุ่น** และ เขาพูด**ภาษาอังกฤษได้ดี**มากๆด้วย, พูดภาษาไทยได้นิดหน่อย แต่น่าเสียดาย พูดภาษาเยอรมัน ไม่ได้เลยสักนิด)

Schreiben Sie die **9** fehlenden Informationen in das Formular.

(เติมคำที่หายไป ในช่องว่าง **9** แห่ง ในแบบฟอร์ม)

***** สำคัญต้อง เอาคำตอบไปใส่ลง ในกระดาษคำตอบด้วย นะคะ *****

1.	**2.**		**คำแปลคำศัพท์ จากช่องที่ 1.**
Vorname:	Koishiro	**0**	ชื่อตัว
Nachname/ FamilienName:	Honda		นามสกุล
Straße, Hausnummer:	Leelawadee Straße 9	**1**	ถนน, บ้านเลขที่
Wohnort:	Bedfordshire		ที่อยู่อาศัย (ชื่อเมือง หรือจังหวัด)
Land:	Thailand	**2**	ประเทศ
Geburtsdatum:	11.11.1991	**9**	วัน เดือน ปี เกิด
Geburtsort:	Nagoya, Japan	**8**	สถานที่เกิด
Geschlecht: เพศ	weiblich **männlich √** divers		weiblich เพศหญิง männlich เพศชาย divers เพศอื่นๆ (ที่ไม่ใช่ชายและหญิง)
Nationalität: / Staatsangehörigkeit:	Japanisch		สัญชาติ
Familienstand: **สถานภาพสมรส**	verheiratet	**7**	ledig =โสด verwitwet = เป็นหม้าย geschieden = หย่า
Beruf:	Lehrer	**3**	อาชีพ
Muttersprache:	Japanisch	**4**	ภาษาแม่
Fremdsprachen:	Englisch, Thailändisch	**6**	ภาษาต่างประเทศ (ที่พูดได้)
Hobby:	Tennis		งานอดิเรก
die Anzahl der Kinder:	**1**	**5**	จำนวน บุตร
Postleitzahl	9999		รหัสไปษณีย์

ตัวอย่างอื่นๆเพิ่มเติม นะคะ

Beispiel 1:

Ihr Freund, **Koishiro Honda**, aus Japan, er wurde am **1.1. 1999** in **Nagoya Japan** geboren und er ist Lehrer. Er möchte **vom 11.11 bis 12.12** einen Deutschkurs in Deutschland besuchen. In Deutschland hat er schon 9 Monate Deutsch gelernt.

Er hat **am Abend Zeit.** Er spielt gerne Tennis in seiner Freizeit.

Seine **Muttersprache ist Japanisch** und er spricht auch sehr gut **Englisch**, ein bisschen **Thailändisch.** Sie sollten ihm helfen, das Anmeldungsformular auszufüllen.

Am Ende übertragen Sie Ihre Lösungen auf den Antwortbogen.

Anmeldungsformular			
Kurstermin:	11.11 bis 12.12		
Kurszeit:	☐ 08:30 Uhr bis 11:30 Uhr	1	
	☐ 13:30 Uhr bis 16:30 Uhr		
	☐ 18:00 Uhr bis 21:00 Uhr		
Vorname:	Koishiro	0	
Nachname/ Familienname:	Honda		
Geburtsdatum:		2	
Geburtsort:		3	
Geschlecht:	☐ weiblich		
	☐ männlich		
	☐ divers		
Schon Deutsch gelernt	☒ Ja ☐ Nein		
Wie lange?	9		
Art des Kurses	Deutschkurs		
Beruf:	Lehrer		
Muttersprache:		4	
Fremdsprachen/ Andere Sprachen		5	
Hobby:	Tennis spielen		

Bespiel 2:

Ihre Freundin, **Alexandra Will**, macht einen Urlaub in Emden mit ihrem Mann und ihren Sohn und ihrer Tochter (9 und 12 Jahre alt).

Sie bucht im Reisebüro eine Rundfahrt für den **nächsten Samstag** an die Nordsee.

Sie hat keine Kreditkarte. Adresse: Hotel ABC

Blumenstraße 9

26721 Emden

Am Ende übertragen Sie Ihre Lösungen auf den Antwortbogen.

Anmeldungsformular der Rundfahrt			
Vorname:	Alexandra	**0**	
Nachname/ Familienname:		**1**	
Urlaubsadresse	Hotel ABC		
Straße, Hausnummer		**2**	
PLZ, Urlaubsort	**26721, Emden**		
Reisetermin	**nächsten Samstag**		
Zahlungsweise	☐ Bar ☐ Kreditkarte	**3**	
Anzahl der Personen		**4**	
Davon Kinder		**5**	
Unterschrift: **Datum**	*Alexandra Will* **11.11.2011**		

Beispiel 3:

Ihr Freund, **Koishiro Honda**, aus Japan, er wurde am **1.1. 1999** in **Nagoya Japan** geboren und er hat eine neue Stelle in einer Grundschule als Lehrer. Er lebt seit zwei Monaten in **Frankfurt am Main**. Er ist 23 Jahre alt und seit gestern hat er hohes Fieber (40 Grad). Er ist heute beim Arzt.

Sie sollten ihm helfen, das Anmeldungsformular der Patienteninformation auszufüllen.

Am Ende übertragen Sie Ihre Lösungen auf den Antwortbogen.

Anmeldungsformular der Patienteninformation			
Datum / Uhrzeit	11.11.2011 / 09:30 Uhr		
Krankenkasse	Privat		
Vorname:	Koishiro	0	
Nachname/ Familienname:		1	
Geburtsdatum:		2	
Geburtsort:	Nagoya Japan		
Geschlecht:	☐ weiblich ☒ männlich ☐ divers		
Alter		3	
Beruf:	Lehrer		
Seit wann sind Sie krank?	seit gestern (10.11.2011)		
Was fehlt Ihnen		4	
Telefon:	123456789		
Adresse: Straße, Hausnummer:	Blumenstraße 9		
Postleitzahl, Wohnort	60311	5	
Unterschrift: Datum	*Koishiro Honda* **11.11.2011**		

Beispiel 4:

Ihr Freund, **Koishiro Honda**, aus Japan, er wurde in **Nagoya Japan** geboren und er ist neu in Frankfurt am Main. Er ist **25 Jahre alt**, Praktikant und spielt gerne Fußball. Aber er möchte in einem Verein **Badminton spielen**. Er ist Anfänger und er muss das Anmeldungsformular ausfüllen.

Sie sollten ihm helfen, das Anmeldungsformular auszufüllen.

Am Ende übertragen Sie Ihre Lösungen auf den Antwortbogen.

Anmeldungsformular für Sportverein			
Datum / Uhrzeit	11.11.2011 / 09:30 Uhr		
Sportart	Badminton		
Vorname:	Koishiro	**0**	
Nachname/ Familienname:		**1**	
Telefon:	123456789		
Geburtsort:		**2**	
Bitte ankreuzen:	☒ Anfänger ☐ Fortgeschritten ☐ Profi		
Alter		**3**	
Beruf:	Lehrer		
Telefon:	123456789		
Adresse: **Straße, Hausnummer:**		**4**	
Postleitzahl, Wohnort	60311 ,	**5**	
Unterschrift: **Datum**	*Koishiro Honda* **11.11.2011**		

Beispiel 5:

Ihre Freundin, **Alexandra Will,** muss am Sonntag zu Ihren Verwandten nach Frankfurt fahren.

Koishiro Honda, er ist 25 Jahre alt und kommt **aus Dresden** und möchte Ihre Freundin in **Dortmund** besuchen. Aber leider hat Ihre Freundin keine Zeit. Sie müssen ihn am Bahnhof abholen.

Er wird am **11.11 um 11 Uhr ankommen.**

Am Ende übertragen Sie Ihre Lösungen auf den Antwortbogen.

Information			
Ankunft: (Datum / Uhrzeit)		1	
Wo abholen?		2	
Vorname:		3	
Nachname/ Familienname:	Honda		
Telefon:	123456789		
Ausflugsziel		4	
Geschlecht:	☐ weiblich ☐ männlich ☐ divers	5	
Alter	25		
Stadt / Wohnort	Dresden		

Beispiel 6:

Ihr Freund, **Koishiro Honda**, aus Japan, er ist 25 Jahre alt.

Er wohnt in Frankfurt und möchte mit seiner Tochter **Kumiko (geboren: 09.09.2009 in Nagoya)** einen Sportkurs im Sportverein machen.

Sie wohnen im Moment in der Blumenstraße 9, 60311 Frankfurt.

Koishiro möchte einen Yoga-Kurs machen und seine Tochter möchte einen Tenniskurs machen.

Die Sportkurse beginnen am 11.11.

Sie möchten 9 Monate im Sportverein Sport machen.

Am Ende übertragen Sie Ihre Lösungen auf den Antwortbogen.

Anmeldungsformular für Sportverein -Frankfurt

Vorname, Familienname:	Koishiro Honda		
Alter	25		
Sportart		1	
Dauer:		2	
Vorname, Familienname:	Kumiko Honda		
Alter		3	
Sportart		4	
Dauer:	9 Monate		
Telefon:	123456789		
Adresse: **Straße, Hausnummer:**	Blumenstraße 9		
Postleitzahl, Wohnort	_____, Frankfurt.	5	

Beispiel 7:

Ihre Freundin, **Alexandra Will**, aus Japan, sie ist 25 Jahre alt.

Sie wohnt in Frankfurt und möchte mit ihrem Sohn **Daniel (geboren: 09.09.2009 in Manchester)** einen Sportkurs im Sportverein machen.

Sie wohnen im Moment in der Blumenstraße 9, 60311 Frankfurt.

Alexandra möchte einen Yoga-Kurs machen und ihre Tochter möchte einen Tenniskurs machen.

Die Sportkurse beginnen am 11.11.

Sie möchten 9 Monate im Sportverein Sport machen.

Am Ende übertragen Sie Ihre Lösungen auf den Antwortbogen.

Anmeldungsformular für Sportverein -Frankfurt			
Vorname, Familienname:	Alexandra Will		
Alter	25		
Sportart		1	
Dauer:		2	
Vorname, Familienname:	Daniel Will		
Alter		3	
Sportart		4	
Dauer:	9 Monate		
Telefon:	123456789		
Adresse: **Straße, Hausnummer:**	Blumenstraße 9		
Postleitzahl, Wohnort	60311, _____	5	

Beispiel 8:

Ihr Freund, **Koishiro Honda**, aus Frankfurt, macht mit seiner Frau Kumiko und den beiden Töchtern Urlaub in Dresden. Seine Töchter **sind 9 und 12 Jahre** alt. Er hat keine Kreditkarte.

Sie **kommen am 9. September an** und fahren am 19. September mit dem Zug zurück.

Am Ende übertragen Sie Ihre Lösungen auf den Antwortbogen.

Anmeldungsformular für Hotel ABC			
Vorname / Name:	Koishiro		
Nachname/ Familienname:		1	
Urlaubsadresse	Hotel ABC		
Urlaubsort		2	
Anreise		3	
Abreise	**19. September**		
Dauer	**10 Tage**		
Zahlungsweise	☐ Bar ☐ Kreditkarte	4	
Anzahl der Personen	4		
Davon Kinder		5	
Alter der Kinder	9 und 12 Jahre		
Unterschrift:	*Koishiro Honda*		

Beispiel 9:

Ihre Freundin, **Alexandra Will**, aus Frankfurt, macht mit ihrem Mann Georg und den beiden Söhnen **Urlaub in München**. Ihre Söhne **sind 9 und 12 Jahre** alt. Sie hat keine Kreditkarte. **Sie kommen am 9. September an** und fahren am 19. September mit dem Bus zurück.

Am Ende übertragen Sie Ihre Lösungen auf den Antwortbogen.

Anmeldungsformular für Hotel ABC			
Vorname / Name:	Alexandra		
Nachname/ Familienname:		1	
Urlaubsadresse	Hotel ABC		
Urlaubsort		2	
Anreise		3	
Abreise	**19. September**		
Dauer	**10 Tage**		
Zahlungsweise	☐ Bar ☐ Kreditkarte	4	
Anzahl der Personen	4		
Davon Kinder		5	
Alter der Kinder	9 und 12 Jahre		
Unterschrift:	*Alexandra Will*		

Lösungen: เฉลย   Beispiel(ตัวอย่าง) 1:

Ihr Freund, **Koishiro Honda**, aus Japan, er wurde am **1.1. 1999** in **Nagoya Japan** geboren und er ist Lehrer.(เพื่อน(ผู้ชาย)ของคุณมาจากญี่ปุ่น เกิดเมื่อวันที่ 1 มกราคม เกิดเมื่อปี 1999 ที่นาโกย่า ประเทศญี่ปุ่น และเป็นครู)

Er möchte **vom 11.11 bis 12.12** einen Deutschkurs in Deutschland besuchen. In Deutschland hat er schon **9 Monate Deutsch gelernt**. (เขาต้องการเข้าร่วม/เรียนหลักสูตรภาษาเยอรมันที่ประเทศเยอรมนีระหว่าง**วันที่ 11 พฤศจิกายนถึง 12 ธันวาคม** เขาเรียน**ภาษาเยอรมันมา 9 เดือนแล้ว**ในประเทศเยอรมนี)

Er hat **am Abend Zeit.** Er spielt gerne Tennis in seiner Freizeit.
(เขามีเวลาตอนเย็น เขาชอบเล่นเทนนิสในเวลาว่าง)

Seine **Muttersprache ist Japanisch** und er spricht auch sehr gut **Englisch**, ein bisschen **Thailändisch**. Sie sollten ihm helfen, **das Anmeldungsformular auszufüllen.**
(**ภาษาแม่**ของเขาคือภาษาญี่ปุ่น และเขายังพูด**ภาษาอังกฤษ**ได้ดีมากและพูดภาษาไทยได้นิดหน่อยด้วย คุณควรช่วยเขาใน<u>การกรอกแบบฟอร์มการลงทะเบียน</u>)

Anmeldungsformular

Kurstermin: ตารางคอร์สเรียน	11.11 bis 12.12		
Kurszeit: เวลาเรียน	☐ 08:30 Uhr bis 11:30 Uhr	**1**	
	☐ 13:30 Uhr bis 16:30 Uhr		
	☒ 18:00 Uhr bis 21:00 Uhr		
Vorname: ชื่อ	Koishiro	**0**	
Nachname/ Familienname: นามสกุล	Honda		
Geburtsdatum: วันเดือนปีเกิด	**1.1. 1999**	**2**	
Geburtsort: สถานที่เกิด	**Nagoya, Japan**	**3**	
Geschlecht: เพศ	☐ weiblich เพศหญิง		
	☒ männlich เพศชาย		
	☐ divers เพศที่สาม		
Schon Deutsch gelernt เคยเรียนภาษาเยอรมัน	☒ Ja ☐ Nein		
Wie lange? (เรียน)นานแค่ไหน	9		
Art des Kurses ประเภท คอร์สที่เรียน	Deutschkurs คอร์สภาษาเยอรมัน		
Beruf: อาชีพ	Lehrer ครู		
Muttersprache: ภาษาแม่	**Japanisch** ภาษาญี่ปุ่น	**4**	
Fremdsprachen/ Andere Sprachen ภาษาต่างชาติ	**Englisch und Thailändisch** ภาษาอังกฤษ และ ภาษาไทย	**5**	
Hobby: งานอดิเรก	Tennis spielen เล่นเทนนิส		

Beispiel(ตัวอย่าง) 2:

Ihre Freundin, **Alexandra Will**, macht einen Urlaub in Emden mit ihrem **Mann und ihren Sohn und ihrer Tochter (9 und 12 Jahre alt).**

เพื่อน(ผู้หญิง)ของคุณ , ชื่อ Alexandra Will กำลังไปเที่ยวที่เมือง Emden **กับสามีและลูกชายและลูกสาว (อายุ 9 และ 12 ปี)**

Sie bucht im Reisebüro **eine Rundfahrt** für den **nächsten Samstag** an die Nordsee.

(เธอจองทริป**ไปกลับ** ทะเลเหนือ Nordsee ใน**วันเสาร์หน้า**ที่บริษัทท่องเที่ยว)

Sie hat keine **Kreditkarte**.　　　　　　(เธอไม่มี**บัตรเครดิต**)

Adresse:ที่อยู่　　　Hotel ABC

　　　　　　　　Blumenstraße 9

　　　　　　　　26721 Emden

Sie sollten ihr helfen, **das Anmeldungsformular** der Rundfahrt **auszufüllen.**

(คุณควรช่วยเธอในการ**กรอกแบบฟอร์มลงทะเบียน**กับทริปไปกลับ)

Anmeldungsformular der Rundfahrt			
Vorname: ชื่อ	Alexandra	0	
Nachname/ Familienname: นามสกุล	**Will**	1	
Urlaubsadresse ที่อยู่ที่ไปพักผ่อน	Hotel ABC		
Straße, Hausnummer ชื่อถนน, บ้านเลขที่	**Blumenstraße 9,**	2	
PLZ, Urlaubsort รหัสไปรษณีย์, เมืองที่ไปพักผ่อน	**26721,　　　Emden**		
Reisetermin กำหนดเดินทาง	**nächsten Samstag**		
Zahlungsweise วิธีการชำระเงิน	☒ Bar เงินสด ☐ Kreditkarte บัตรเครดิต	3	
Anzahl der Personen จำนวน คนทั้งหมด	4	4	
Davon Kinder จำนวน เด็ก	2	5	
Unterschrift: ลายเซ็นต์ **Datum** วันที่	*Alexandra Will* **11.11.2011**		

Beispiel(ตัวอย่าง) 3:

Ihr Freund, **Koishiro Honda**, aus Japan, er wurde am **1.1. 2001** in **Nagoya Japan** geboren und er hat eine neue Stelle in einer Grundschule als Lehrer.

(เพื่อนผู้ชายของคุณ, ชื่อ **Koishiro Honda** มาจากประเทศญี่ปุ่น เกิดเมื่อวันที่ **1 มกราคม** เกิดเมื่อปี **2001** ที่เมืองนาโกย่า ประเทศญี่ปุ่น และมีงานใหม่เป็นครูในโรงเรียนประถมแห่งหนึ่ง)

Er **lebt** seit zwei Monaten in Frankfurt. (เขา**อาศัยอยู่**ในแฟรงก์เฟิร์ต(**Frankfurt**)มาสองเดือนแล้ว)

Er ist **23 Jahre** alt und seit gestern hat **er hohes Fieber (40 Grad).** Er ist heute beim **Arzt**. (เขา **อายุ 23 ปี** และตั้งแต่เมื่อวาน**เขามีไข้สูง (40 องศา)**   วันนี้เขามาหา**หมอ(ผู้ชาย)**

Sie sollten ihm helfen, das Anmeldungsformular der **Patienteninformation** auszufüllen.
(คุณควรช่วยเขากรอกแบบฟอร์มลงทะเบียน**ข้อมูลผู้ป่วย**)

Anmeldungsformular der Patienteninformation		
Datum / Uhrzeit วันที่ / เวลา	11.11.2011 / 09:30 Uhr	
Krankenkasse บัตรประกันสุขภาพ	Privat	
Vorname: ชื่อ	Koishiro	**0**
Nachname/ Familienname: นามสกุล	**Honda**	**1**
Geburtsdatum: วัน เดือน ปีเกิด	**1.1. 2001**	**2**
Geburtsort: สถานที่เกิด	Nagoya Japan	
Geschlecht: เพศ	☐ weiblich เพศหญิง ☒ männlich เพศชาย ☐ divers เพศที่สาม	
Alter อายุ	<u>**23 Jahre**</u>	**3**
Beruf: อาชีพ	Lehrer	
Seit wann sind Sie krank? วันที่เริ่มป่วย	seit gestern (10.11.2011)	
Was fehlt Ihnen? มีอาการผิดปกติอะไร	**er hohes Fieber (40 Grad)**	**4**
Telefon: เบอร์โทรศัพท์	123456789	
Adresse: ที่อยู่ **Straße, Hausnummer:** ถนน,บ้านเลขที่	Blumenstraße 9	
Postleitzahl, Wohnort รหัสไปรษณีย์, ชื่อเมือง	60311 | **Frankfurt**	**5**
Unterschrift: ลายเซ็นต์ **Datum** วันที่	*Koishiro Honda* **11.11.2011**	

Beispiel(ตัวอย่าง) 4:

Ihr Freund, Koishiro Honda, aus Japan, er wurde in **Nagoya Japan** **geboren** ~~und er ist~~ neu **in Frankfurt**. (เพื่อนผู้ชายของคุณ, ชื่อ **Koishiro Honda** เขาเป็นคนญี่ปุ่น/มาจากประเทศญี่ปุ่น เขา**เกิด**ที่**นาโกย่า ประเทศญี่ปุ่น** และเพิ่งย้ายมาอยู่ที่แฟรงก์เฟิร์ต

Er ist **25 Jahre alt**, Praktikant und spielt gerne Fußball. Aber er möchte in einem **Verein Badminton spielen**.

(**เขาอายุ 25 ปี** เป็นนักศึกษาฝึกงานและชอบเล่นฟุตบอล แต่เขาอยาก**เล่นแบดมินตัน**ใน**สโมสร/ชมรม**)

Er ist Anfänger und er muss Anmeldungsformular **ausfüllen.**
(เขาเป็นมือใหม่/เพิ่งเริ่มต้นและเขาต้อง**กรอก/เขียนข้อมูล** แบบฟอร์มการลงทะเบียน)

Sie sollten ihm helfen, **das Anmeldungsformular** auszufüllen.

(คุณควรช่วยเขาในการกรอก**แบบฟอร์มการลงทะเบียน**)

Anmeldungsformular für Sportverein (แบบฟอร์มลงทะเบียนชมรมกีฬา)			
Datum / Uhrzeit วันที่ / เวลา	11.11.2011 / 09:30 Uhr		
Sportart ชนิดกีฬา	Badminton		
Vorname: ชื่อ	Koishiro	**0**	
Nachname/ Familienname: นามสกุล	Honda	**1**	
Telefon: เบอร์โทร	123456789	**2**	
Geburtsort: สถานที่เกิด	Nagoya Japan		
Bitte ankreuzen: โปรดกากบาท	☒ Anfänger เริ่มต้น ☐ Fortgeschritten พอมีพื้นฐาน ☐ Profi ชำนาญ		
Alter อายุ	25	**3**	
Beruf: อาชีพ	Lehrer		
Telefon: เบอร์โทรศัพท์	123456789		
Adresse: ที่อยู่ **Straße ถนน, Hausnummer บ้านเลขที่**	Blumenstraße 9	**4**	
Postleitzahl รหัสไปรษณีย์, **Wohnort ชื่อเมือง**	60311 **Frankfurt**	**5**	
Unterschrift: ลายเซ็นต์ **Datum วันที่**	***Koishiro Honda*** **11.11.2011**		

Beispiel(ตัวอย่าง) 5:

Ihre **Freundin**, **Alexandra Will** muss am Sonntag zu Ihren Verwandten nach Frankfurt fahren.

(**เพื่อน(ผู้หญิง)**ของคุณชื่อ **Alexandra Will** จะต้องไปหาญาติของเธอที่เมืองแฟรงก์เฟิร์ตในวันอาทิตย์)

Koishiro Honda, er ist 25 Jahre alt und kommt **aus Dresden** und möchte Ihre Freundin in **Dortmund** besuchen.

(**Koishiro Honda** อายุ 25 ปี **มาจากเมือง Dresden (เดรสเดน)** และอยากจะไปเยี่ยมเพื่อน(ผู้หญิง)ของคุณ ที่เมือง **Dortmund (ดอร์ทมุนด์)**)

Aber leider hat Ihre Freundin keine Zeit. Sie müssen ihn **am Bahnhof abholen.**

(แต่น่าเสียดายที่เพื่อนของคุณไม่มีเวลา คุณจะต้องไป**รับ**เขาที่สถานีรถไฟ)

Er wird am **11.11. um 11 Uhr ankommen.**

(เขาจะ**มาถึง**ในวันที่ 11 พฤศจิกายน เวลา 11.00 น.)

Information(ข้อมูล)			
Ankunft: วันที่เดินทางมาถึง (**Datum / Uhrzeit**) วันที่ / เวลา	11.11 um 11 Uhr	**1**	
Wo abholen? ไปรับที่ไหน	Am Bahnhof	**2**	
Vorname: ชื่อ	Koishiro	**3**	
Nachname/ Familienname: นามสกุล	Honda		
Telefon: เบอร์โทรศัพท์	123456789		
Ausflugsziel จุดหมายที่จะไปเที่ยว	Dortmund	**4**	
Geschlecht:เพศ	☒ weiblich เพศหญิง ☐ männlich เพศชาย ☐ divers เพศที่สาม	**5**	
Alter อายุ	25		
Stadt / Wohnort ชื่อเมือง หรือ สถานที่อยู่ อาศัย	Dresden		

Beispiel(ตัวอย่าง) 6:

Ihr Freund, **Koishiro Honda**, aus Japan, er ist <u>**25 Jahre alt.**</u>
(เพื่อน(ผู้ชาย) ของคุณชื่อ **Koishiro Honda โคอิชิโระ ฮอนดะ)** มาจากญี่ปุ่น <u>**อายุ 25 ปี**</u>)

Er wohnt in Frankfurt und möchte mit **seiner Tochter Kumiko (geboren: 09.09.2009 in Nagoya)** einen Sportkurs im Sportverein machen.
(เขาอาศัยอยู่ที่เมืองแฟรงก์เฟิร์ต(Frankfurt) และอยากจะเข้าเรียนหลักสูตรกีฬาที่สโมสรกีฬากับ <u>**ลูกสาวของเขา**</u> คูมิโกะ Kumiko **(เกิดเมื่อวันที่ 9 กันยายน 2552 ในนาโกย่า Nagoya)**

Sie wohnen <u>**im Moment**</u> in der Blumenstraße 9, 60311 Frankfurt.
(พวกเขาอาศัยอยู่ที่, Blumenstraße 9, 60311 Frankfurt เมืองแฟรงก์เฟิร์ต <u>**ในปัจจุบัน/ในตอนนี้**</u>)

Koishiro möchte einen Yoga-Kurs machen und <u>**seine Tochter**</u> möchte **einen Tenniskurs** machen. (Koishiro อยากเข้า**คอร์สโยคะ** และ<u>**ลูกสาวของเขา**</u>อยากเข้า**คอร์สเรียนเทนนิส**)

Die Sportkurse beginnen am 11.11.
(หลักสูตรกีฬา (หลายๆคอร์ส/หลักสูตร) **เริ่มวันที่ 11 พฤศจิกายน**)

ถ้าคอร์สเดียว der Sportkurs

Sie möchten 9 Monate im **Sportverein** Sport machen.
(พวกเขาอยากจะเล่นกีฬาใน**ชมรมกีฬา**เป็นเวลา 9 เดือน)

Anmeldungsformular für Sportverein -Frankfurt

Vorname, Familienname: ชื่อ,นามสกุล	Koishiro Honda		
Alter อายุ	25		
Sportart ชนิดกีฬา	Yoga	**1**	
Dauer: ระยะเวลา	9 Monate	**2**	
Vorname, Familienname: ชื่อ,นามสกุล	Kumiko Honda		
Alter อายุ	13	**3**	
Sportart ชนิดกีฬา	Tennis	**4**	
Dauer: ระยะเวลา	9 Monate		
Telefon: เบอร์โทรศัพท์	123456789		
Adresse: ที่อยู่ **Straße** ถนน, **Hausnummer** บ้านเลขที่	Blumenstraße 9		
Postleitzahl รหัสไปรษณีย์, **Wohnort** ชื่อเมือง	60311, Frankfurt.	**5**	

Beispiel(ตัวอย่าง) 7:

Ihre Freundin, **Alexandra Will**, **aus England**, sie ist <u>**25 Jahre alt**</u>.

(เพื่อน(ผู้หญิง) ของคุณชื่อ **Alexandra Will** (อเล็กซานดรา วิลล์) มาจากประเทศอังกฤษ <u>อายุ 25 ปี</u>)

Sie wohnt in Frankfurt und möchte <u>**mit ihrem** Sohn Daniel (geboren: 09.09.2009 in</u> **Manchester)** einen Sportkurs im Sportverein machen.

(เธออาศัยอยู่ที่เมืองแฟรงก์เฟิร์ตและอยากจะเข้าเรียนหลักสูตรกีฬาที่สโมสรกีฬา<u>**กับลูกชายของเธอ,**</u> Daniel ดาเนียล (**เกิดเมื่อ: 9.09.2009** ที่เมืองแมนเชสเตอร์ (Manchester))

Sie wohnen <u>**im Moment**</u> in der Blumenstraße 9, 60311 Frankfurt.

(พวกเขาอาศัยอยู่ที่, Blumenstraße 9, 60311 Frankfurt เมืองแฟรงก์เฟิร์ต <u>ในปัจจุบัน/ในตอนนี้</u>)

Alexandra möchte einen **Yoga-Kurs** machen und <u>**ihr Sohn**</u> möchte einen **Tenniskurs** machen.

(Alexandra อยากเข้า**คอร์สโยคะ** และ<u>**ลูกชายของเธอ**</u>อยากเข้า**คอร์สเรียนเทนนิส**)

Die Sportkurse beginnen am 11.11.   (หลักสูตรกีฬาเริ่มวันที่ 11 พฤศจิกายน)

Sie möchten 9 Monate im **Sportverein** Sport machen.
(พวกเขาอยากจะเล่นกีฬาใน<u>**ชมรมกีฬา**</u>เป็นเวลา 9 เดือน)

Anmeldungsformular für Sportverein -Frankfurt

Vorname, Familienname: ชื่อ,นามสกุล	Alexandra Will	
Alter อายุ	25	
Sportart ชนิดกีฬา	Yoga	**1**
Dauer: ระยะเวลา	9 Monate	**2**
Vorname, Familienname: ชื่อ,นามสกุล	Daniel Will	
Alter อายุ	13	**3**
Sportart ชนิดกีฬา	Tennis	**4**
Dauer: ระยะเวลา	9 Monate	
Telefon: เบอร์โทรศัพท์	123456789	
Adresse: ที่อยู่ **Straße** ถนน, **Hausnummer** บ้านเลขที่	Blumenstraße 9	
Postleitzahl รหัสไปรษณีย์, **Wohnort** ชื่อเมือง	60311, Frankfurt.	**5**

Beispiel(ตัวอย่าง) 8:

Ihr Freund, **Koishiro Honda**, aus Frankfurt, macht mit seiner Frau Kumiko und den beiden Töchtern Urlaub in Dresden.

เพื่อน(ผู้ชาย) โคอิชิโระ ฮอนดะ Koishiro Honda ของคุณ จากแฟรงก์เฟิร์ต กำลังจะไปพักผ่อนในเมืองเดรสเดน กับคูมิโกะภรรยาของเขาและลูกสาวสองคน

Seine Töchter sind **9 und 12 Jahre** alt.

(**ลูกสาวของเขา**อายุ **9** และ **12** ขวบ)

Er **hat keine Kreditkarte**.

(เขา**ไม่มีบัตรเครดิต**)

Sie **kommen am 9. September an** und fahren **am 19. September mit dem Zug** zurück.

(**พวกเขามาถึงวันที่ 9** กันยายน และกลับโดย**รถไฟ**วันที่ **19** กันยายน)

Anmeldungsformular für Hotel ABC			
Vorname / Name: ชื่อ	Koishiro		
Nachname/ Familienname: นามสกุล	Honda	**1**	
Urlaubsadresse ที่อยู่ที่ไปพักผ่อน	Hotel ABC		
Urlaubsort เมืองที่ปพักผ่อน (สถานที่)	**Dresdren**	**2**	
Anreise วันที่เดินทางมาถึง	**9. September**	**3**	
Abreise วันเดินทางกลับ	**19. September**		
Dauer ระยะเวลา	**10 Tage**		
Zahlungsweise วิธีชำระเงิน	☒ Bar ☐ Kreditkarte	**4**	
Anzahl der Personen จำนวนคนทั้งหมด	4		
Davon Kinder จำนวนเด็ก	2	**5**	
Alter der Kinder อายุของเด็ก	9 und 12 Jahre		
Unterschrift: ลายเซ็นต์	*Koishiro Honda*		

Beispiel(ตัวอย่าง) 9:

Ihre **Freundin**, **Alexandra Will**, aus Frankfurt, macht mit ihrer Mann Georg und den beiden Söhnen **Urlaub** in München.
(**Alexander Will**, เพื่อน(ผู้หญิง) ของคุณ จากแฟรงก์เฟิร์ตกำลังจะไป**พักผ่อน/มีวันหยุดพักผ่อน** กับ Georg สามีของเธอและลูกชายสองคนที่มิวนิก)

Ihre Söhne sind 9 und 12 Jahre alt.   (**ลูกชายของเธออายุ 9 และ 12 ขวบ**)

Sie **hat keine Kreditkarte.**   (เธอไม่มีบัตรเครดิต)

Sie kommen am 9. September an und fahren **am 19. September mit dem** Bus **zurück.**
(พวกเขามาถึงวันที่ 9 กันยายน และกลับโดยรถบัสวันที่ 19 กันยายน)

Anmeldungsformular für Hotel ABC

Vorname / Name: ชื่อ	Alexandra		
Nachname/ Familienname: นามสกุล	Will	**1**	
Urlaubsadresse ที่อยู่ที่ไปพักผ่อน	Hotel ABC		
Urlaubsort เมืองที่ปพักผ่อน (สถานที่)	**München**	**2**	
Anreise วันที่เดินทางมาถึง	**9. September**	**3**	
Abreise วันเดินทางกลับ	**19. September**		
Dauer ระยะเวลา	**10 Tage**		
Zahlungsweise วิธีชำระเงิน	☒ Bar ☐ Kreditkarte	**4**	
Anzahl der Personen จำนวนคนทั้งหมด	4		
Davon Kinder จำนวนเด็ก	2	**5**	
Alter der Kinder อายุของเด็ก	9 und 12 Jahre		
Unterschrift: ลายเซ็นต์	*Alexandra Will*		

Alter der Kinder อายุของเด็ก	9 und 12 Jahre		
Unterschrift: ลายเซ็นต์	*Alexandra Will*		

Quelle: แหล่งที่มา:

telc Start Deutsch 2 / telc Deutsch A2 (Die Prüfung für allgemeinsprachliches Deutsch)

https://www.telc.net/sprachpruefungen/deutsch/start-deutsch-2-telc-deutsch-a2/

Schreiben, Teil 2

Ihre Bekannte Paola **heiratet** nächsten Monat Stefan.

Die Hochzeit ist in Berlin.

Paola hat Sie eingeladen.

Antworten Sie mit einem Brief

Hier finden Sie vier Punkte.

Wählen Sie drei aus. Schreiben Sie zu jedem dieser drei Punkte ein bis zwei

Sätze auf den Antwortbogen S30.

Vergessen Sie nicht den passenden Anfang und den Gruß am Schluss.

Schreiben Sie circa 40 Wörter.

Die Lösung: เฉลย

Plettenberg, 29.09.2024

Liebe Paola,

ich hoffe, es geht dir gut und vielen Dank für **die Einladung.**

Herzlichen Glückwunsch zur **Hochzeit.**

In welchem **Bereich** arbeitet Stefan?

Ich **möchte** gerne zur Hochzeit kommen und möchte **ein schönes Bild** und **einen Blumenstrauß** als Geschenk mitbringen.

Außerdem habe ich einige Fragen an dich.

Ist es möglich, ob ich **mit meiner Tochter** zur Hochzeit komme?

Wo soll ich **übernachten**?

Kannst du bitte ein **Hotelzimmer** für mich buchen?

Ich freue mich auf deine Antwort und wünsche dir einen schönen Tag.

(ฉันรอคอยการตอบกลับ(คำตอบ) ของคุณและขอให้คุณมีวันที่ดี(สวยงาม))

Liebe Grüße

Chanya

Schreiben การเขียนส่วนที่ 2

(ใช้แนวทางการเขียน เช่นเดียวกันกับ Goethe-Zertifikat A2 (Erwachsene)

Schreiben Teil 2

Ihre Bekannte Paola heiratet nächsten Monat Stefan.

(คุณรู้จัก(ผู้หญิง) ชื่อPaola จะแต่งงานกับ Stefan ในเดือนหน้า)

Die Hochzeit ist in Berlin. (**งานแต่งงาน**จัดที่ เมืองเบอร์ลิน)

Paola hat Sie eingeladen. (Paola (เขียนจดหมาย) เชิญคุณ)

Antworten Sie mit einem Brief. (จงขียนตอบกลับด้วยจดหมาย(ของ Paola)

Hier finden Sie vier Punkte. จะมีหัวข้อ มาให้ **4** หัวข้อ

Wählen Sie drei aus. Schreiben Sie zu jedem dieser drei Punkte ein bis zwei Sätze auf den Antwortbogen S30.

คุณเลือกเขียนเพียง **3** หัวข้อ เขียน1-2 ประโยค สำหรับแต่ละ**หัวข้อ/ประเด็น**เขียนลงในกระดาษคำตอบ S30

Vergessen Sie nicht den passenden Anfang und den Gruß am Schluss.

(อย่าลืมเขียน คำขึ้นต้น และลงท้าย ที่เหมาะ)

Schreiben Sie circa 40 Wörter. (จงเขียนให้ได้ประมาณ 40 คำ)

jemanden mitbringen

เอา**ใครบางคน**ไปด้วย

Geschenk

ของขวัญ

Stefan

เขียนหรือถามถึง **Stefan**

Übernachtung in Berlin

พักค้างคืน ในเมืองเบอร์ลิน

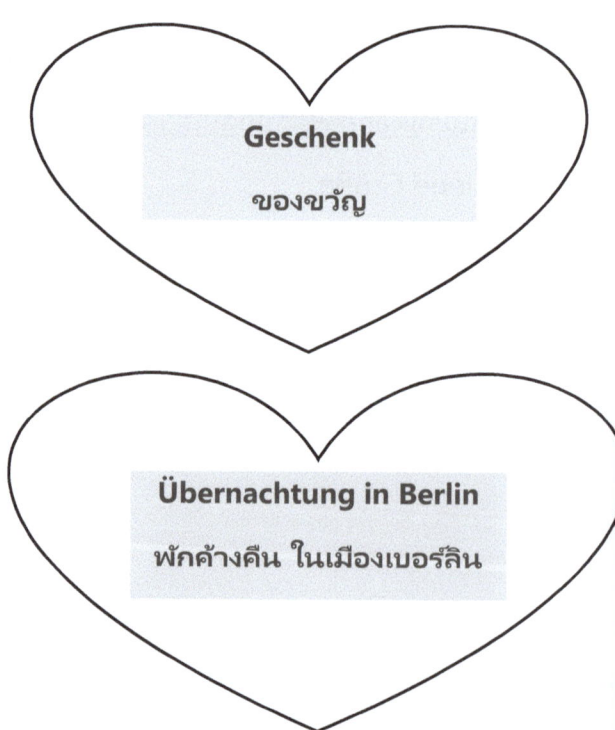

Die Lösung: เฉลย (พร้อมคำแปลภาษาไทย)

Plettenberg, 29.09.2024

Liebe Paola,

ich hoffe, es geht dir gut und vielen Dank für **die Einladung.**

(ฉันหวังว่า,เธอคงสบายดี และขอบคุณสำหรับคำเชิญ)

Herzlichen Glückwunsch zur **Hochzeit.**

(ยินดีด้วยนะ สำหรับงานแต่งงาน)

In welchem **Bereich** arbeitet Stefan?

(สเตฟานทำงาน**สาขา**อาชีพ/อาชีพอะไร)

Ich **möchte** gerne zur Hochzeit kommen und möchte **ein schönes Bild** und **einen Blumenstrauß** als Geschenk mitbringen.

(ฉัน**ต้องการ**จะไปร่วมงานแต่งงานของเธอ และต้องการนำ**รูปภาพสวยๆ**และ**ช่อดอกไม้**ไปเป็นของขวัญ)

Außerdem habe ich einige Fragen an dich.

(นอกจากนี้ฉันยังมีคำถาม 2-3 คำถามที่จะถามคุณด้วย)

Ist es möglich, ob ich **mit meiner Tochter** zur Hochzeit komme?

(**เป็นไปได้ไหม,** ถ้าฉันจะไปงานแต่ง**กับลูกสาวของฉัน**)

Wo soll ich **übernachten**?   (ฉันควร**พักค้างคืน**ที่ไหน)

Kannst du bitte ein **Hotelzimmer** für mich buchen?

(เธอช่วยจอง**ห้องพักในโรงแรม**ให้ฉันหน่อยได้ไหม)

Ich freue mich auf deine **Antwort** und wünsche dir einen schönen Tag.

(ฉันรอคอย**การตอบกลับ(คำตอบ)** ของคุณและขอให้คุณมีวันที่ดี(สวยงาม))

Liebe Grüße

Chanya

Bespiel 4:

Ihre Freundin Ilona **lädt** Sie zur Geburtstagsparty ein.
(เพื่อน ผู้หญิง ของคุณชื่อ Leni **เชิญ**คุณไปงานวันเกิดของเธอ)
Sie können nicht kommen.   คุณไม่สามารถไปได้
Schreiben Sie an Ilona: เขียนถึง Ilona

Wählen Sie **drei** aus. Schreiben Sie zu jedem dieser drei Punkte ein bis zwei Sätze auf den Antwortbogen S30.
(คุณ**เลือก**เขียนเพียง **3** หัวข้อ เขียน1-2 ประโยค สำหรับแต่ละ**หัวข้อ/ประเด็น**เขียนลงในกระดาษคำตอบ S30)

Vergessen Sie nicht den passenden Anfang und den Gruß am Schluss.
(อย่าลืมเขียน คำขึ้นต้น และลงท้าย ที่เหมาะ)

. **Warum** Sie schreiben?   ทำไมคุณถึงเขียน

. **Danke** für **die Einladung**?   <u>ขอบคุณ</u>สำหรับคำเชิญ

. **Geschenk**   ของขวัญ

. Wie Sie zu **erreichen** sind   จะ<u>ติดต่อ</u>คุณได้อย่างไร

(Schreiben Sie bitte mindesten 40 Wörter)

เขียนอย่างน้อย 40 คำ

Plettenberg, 15.05.2025

Liebe Ilona,

ich hoffe, es geht dir gut und vielen Dank für die Einladung.
(ฉันหวังว่าคุณคงสบายดี และขอบคุณสำหรับคำเชิญ)

Ich kann **leider nicht** zur Geburtstagsparty kommen, denn ich habe einen Arbeitstermin. น่าเสียดาย ฉันไม่สามารถไปงานวันเกิดได้, เพราะว่าฉันมีนัดกับที่ทำงาน

Ich komme am nächsten Samstag zu dir und bringe ein Geburtstagsgeschenk mit.

(ฉันจะไปหาเธอ วันเสาร์หน้า และจะเอาของขวัญวันเกิดไปให้)

Du kannst mich unter meiner Telefonnummer 0123456789 oder per E-Mail chanya1234@hotmail.com **erreichen.** (เธอสามารถที่จะ**ติดต่อ**ฉันได้โดยเบอร์โทรหรือ อีเมล์นี้)

Ich wünsche dir einen schönen Tag.   ฉันปรารถนา ให้ คุณ มีวันที่ดี

Liebe Grüße

Chanyanij

Bespiel 2:

Sie möchten Ihren Geburtstagsparty feiern und möchten Ihre Freundin Leni und Ihren Freund Timm einladen.

(คุณต้องการฉลองวันเกิด ของคุณ และต้องการเชิญ เพื่อน (ผู้หญิง Leni) และเพื่อน (ผู้ชาย Timm) มาร่วมงานวันเกิด) **Schreiben Sie an Leni und Timm:** เขียนถึง **Leni** และ **Timm**

<u>Wählen</u> Sie **drei** aus. Schreiben Sie zu jedem dieser drei Punkte ein bis zwei Sätze auf den Antwortbogen S30.

(คุณ**เลือก**เขียนเพียง **3** หัวข้อ เขียน1-2 ประโยค สำหรับแต่ละ**หัวข้อ/ประเด็น**เขียนลงในกระดาษคำตอบ S30)

Vergessen Sie nicht den passenden Anfang und den Gruß am Schluss.

(อย่าลืมเขียน คำขึ้นต้น และลงท้าย ที่เหมาะ)

. **Warum** schreiben Sie?   ทำไมคุณถึงเขียน

. **Tag** und <u>Uhrzeit</u>?   วัน และ <u>เวลา</u>

. Wie kommen?   มาอย่างไร (มารถอะไร)

. Wie sind Sie zu **erreichen**?   จะ**ติดต่อ**คุณได้อย่างไร

(Schreiben Sie bitte mindesten 40 Wörter)

เขียนอย่างน้อย 40 คำ

Plettenberg, 15.05.2025

Lieb**e** Leni und lieb**er** Timm,

ich hoffe, es geht **euch** gut.   ฉันหวังว่า **เธอทั้งสองคน** คงสบายดีนะ

Ich möchte meinen Geburtstag feiern und möchte euch einladen.

(ฉันต้องการจัดงานฉลองวันเกิดของฉัน และต้องการเชิญเธอทั้งสองคน มาร่วมงาน)

Am kommenden Samstag möchte ich von 18 bis 22 Uhr meinen Geburtstag feiern.

(**ในวันเสาร์หน้า** จาก 6 โมงเย็น ถึงประมาณ 4 ทุ่มฉันต้องการจัดปาร์ตี้วันเกิด)

Ihr könnt mit dem Taxi zu mir kommen.   พวกเธอทั้งสอง สามารถ นั่งรถแท็กซี่ มาได้

Ihr könnt mich unter meiner Telefonnummer 0123456789 oder per E-Mail chanya1234@hotmail.com **erreichen.** (พวกเธอสามารถที่จะ**ติดต่อ**ฉันได้โดยเบอร์โทรหรือ อีเมล์นี้)

Ich wünsche **euch** einen schönen Tag.   ฉันปรารถนา ให้ **เธอทั้งสองคน**มีวันที่ดี

Liebe Grüße

Chanyanij

Bespiel 3:

Ihre **neue Kollegin**, Frau Vogelsang hat Sie am Freitag um 14 Uhr zu ihrer **Geburtstagsparty** in ihrem Büro eingeladen.
(**เพื่อร่วมงานคนใหม่**ของคุณ Frau Vogelsang ได้เชิญคุณมาง**านวันเกิด**ของเธอ เวลา 14 น. ในที่ทำงาน)

Schreiben Sie eine E-Mail an Frau Vogelsang.   เขียน อีเมล์ ถึง Frau Vogelsang

<u>Wählen</u> Sie **drei** aus. Schreiben Sie zu jedem dieser drei Punkte ein bis zwei Sätze auf den Antwortbogen S30.
(คุณ**เลือก**เขียนเพียง **3** หัวข้อ เขียน1-2 ประโยค สำหรับแต่ละ**หัวข้อ/ประเด็น**เขียนลงในกระดาษคำตอบ S30)

. **Warum** schreiben Sie?	**ทำไม**คุณถึงเขียน
. Später kommen?	คุณจะมา (ร่วมงานวันเกิด)ช้า
. Helfen?	ช่วยอะไรมั้ย
. Wie Sie zu erreichen sind	จะติดต่อคุณได้อย่างไร

(Schreiben Sie bitte mindesten 40 Wörter)

เขียนอย่างน้อย 40 คำ

An: Vogelsang@web.de

Von: chanya@hotmail.com

Plettenberg, 01.04.2021

Liebe Frau Vogelsang,

<u>**ich hoffe,** es geht **Ihnen** gut und vielen Dank für die Einladung.</u>
<u>**(ฉันหวังว่า**คุณคงสบายดี และขอบ**คุณ**สำหรับคำเชิญ)</u>

Ich möchte zur Geburtstagfeier später kommen, denn ich habe einen Termin mit Kunden. (ฉันต้องการมาร่วมงานวันเกิด แต่จะมาช้า, เพราะฉันมีนัดสำคัญกับลูกค้า)

Ich kann Ihnen beim Aufräumen helfen. ฉันสามารถช่วยคุณ ในการเก็บกวาด (หลังปาร์ตี้) ได้

<u>**Sie können** mich unter meiner Telefonnummer 0123456789 oder per E-Mail chanya1234@hotmail.com **erreichen.** **(คุณสามารถ**ที่จะ**ติดต่อ**ฉันได้โดยเบอร์โทรหรือ อีเมล์นี้)</u>

<u>Ich wünsche Ihnen einen schönen Tag.   ฉันปรารถนา ให้ คุณ มีวันที่ดี</u>

Mit freundlichen Grüßen

Chanyanij Danwongsa

Bespiel 4:

Sie **interessieren sich** für einen Kochkurs an der **Kochschule C&R**.

(คุณ**สนใจ**หลักสูตรการเรียนทำอาหารที่**โรงเรียนสอนทำอาหาร C&R**)

Schreiben Sie an die Kochschule „ABC" (จง**เขียน**ถึง โรงเรียนสอนทำอาหาร ABC)

Wählen Sie drei aus. Schreiben Sie zu jedem dieser drei Punkte ein bis zwei Sätze auf den Antwortbogen S30.

(คุณเลือกเขียนเพียง **3** หัวข้อ เขียน1-2 ประโยค สำหรับแต่ละ**หัวข้อ/ประเด็น**เขียนลงในกระดาษคำตอบ S30)

Vergessen Sie nicht den passenden Anfang und den Gruß am Schluss.

(อย่าลืมเขียน คำขึ้นต้น และลงท้าย ที่เหมาะ)

- **Warum schreiben Sie?** — **ทำไมคุณถึงเขียน**
- **Kurs: Wann?** — **คอร์ส เมื่อไหร่**
- **Preis?** — **ราคา**
- **Wie sind die Unterrichtszeiten?** — **เวลาเรียนคือกี่โมง?**

(Schreiben Sie bitte mindesten 40 Wörter)

เขียนอย่างน้อย 40 คำ

Plettenberg, 15.05.2025

Sehr geehrte Damen und Herren,

ich **möchte** einen **Kochkurs** bei der Kochschule ABC besuchen.
(ฉัน**ต้องการ**เรียน**คอร์สทำอาหาร** ที่โรงเรียนสอนทำอาหาร ABC)

Wann **fängt** der Kurs **an?** (คอร์ส**เริ่ม**เมื่อไหร่)

Wie viele Stunden **pro Tag** werde ich lernen? (ฉันจะต้องเรียนกี่ชั่วโมง**ต่อวัน**?)

Wie viel kostet der Kurs? (ราคาคอร์เรียน เท่าไหร่)

Haben Sie einen Platz für mich frei? (คุณมีที่ว่าง เหลือสำหรับฉันมั้ย)

Ich warte auf Ihre **Antwort** und **bedanke** mich im Voraus.

(ฉันรอคอย**คำตอบ**จากคุณ และ**ขอบคุณ**ล่วงหน้าสำหรับคำตอบ)

Mit freundlichen Grüßen

Chanyanij Danwongsa

ดูตัวอย่างการเขียนเติมจดหมายของเกอเธ่

ซึ่งเป็นแนวทางเดียวกันจากหน้า 83-95 และหน้า 105-120นะคะ

Sprechen การพูด มี **3** ส่วน ทั้ง **3** ส่วนรวมกันใช้เวลา **15** นาที (ประมาณ **7.5** นาทีต่อคน)

Quelle: แหล่งที่มา:

telc Start Deutsch 2 / telc Deutsch A2 (Die Prüfung für allgemeinsprachliches Deutsch) **seite 22-25**

https://www.telc.net/sprachpruefungen/deutsch/start-deutsch-2-telc-deutsch-a2/

Sprechen Teil 1:

Sich vorstellen

Name?

Alter?

Land?

Wohnort?

Sprachen?

Beruf?

Hobby?

Beispiel

Guten Tag,
Ich möchte mich kurz vorstellen.

Mein **Name** ist ....

Ich bin ..... **Jahre alt**.

Ich komme aus **Thailand**.

Zurzeit wohne ich in Plettenberg in der Blumen- Straße 9

Meine Muttersprache ist **thailändisch,** aber ich kann auch sehr gut **Englisch**, ein bisschen **Japanisch** und ein bisschen **Deutsch** sprechen.

Von Beruf bin ich.............. **Gesundheitswissenschaftlerin.**

Meine Hobbys sind Musik hören, Bücher lesen und Malen.

Mein Hobby ist Musik hören.

Vielen Dank

ดูวีดีโอการสอนของครูปู ที่อธิบายเพิ่มเติมได้นะคะ สแกน QR โค้ดเพื่อชมวีดีโอได้เลยค่ะ

Sprechen การพูด มี **3** ส่วน ทั้ง **3** ส่วนรวมกันใช้เวลา **15** นาที (ประมาณ **7.5** นาทีต่อคน)

Teil 1: Sich vorstellen

(การพูดแนะนำตัว รวมทั้งสองคน ใช้เวลาประมาณ 3 นาที (หรือคนละประมาณ หนึ่งนาทีครึ่ง)

Über sich sprechen (Vorstellen) (พูดเกี่ยวกับตัวเอง หรือ การพูดแนะนำตัว)

ในการพูดแนะนำตัว จะต้องพูด **7** หัวข้อ จะมีคำกำหนดไว้ให้ ในกระดาษชีท

1. Name: ชื่อ-นามสกุล

2. Alter: อายุ

3. Land: ประเทศ

4. Wohnort: สถานที่อยู่อาศัย

5. Sprache/ Sprachen: ภาษา

6. Beruf: อาชีพ

7. Hobby: งานอดิเรก

โดยกรรมการจะให้ แผ่นกระดาษ ที่<u>**มีหัวข้อ 7 หัวข้อ**</u>ที่เราจะต้องพูด มาให้เราอ่าน <u>**กรรมการจะ**</u><u>**พูดแนะนำตัวให้เราดูเป็นนตัวอย่าง**</u> แล้ว บอกให้เราเริ่ม

กรรมการจะพูดว่า   Möchten Sie bitte **anfangen**? (คุณต้องการจะ**เริ่ม**พูดเลยมั้ย)

Wer möchte zuerst anfangen? (ใครต้องการพูดก่อน)

เริ่มต้นแนะนำตัว ไม่ต้องพูดหัวข้อ นะคะ แต่ให้เรียงตาม หัวข้อที่โจย์กำหนดให้

Guten Tag,
Ich möchte mich kurz vorstellen.

สวัสดี ตอนกลางวัน
ฉันอยากจะแนะนำตัวเองสั้นๆ ***

Mein **Name** ist ....ชื่อ........(Chanyanij Danwongsa)

Ich bin 49 **Jahre alt**. (ฉันอายุ 49 ปี)

Ich komme aus **Thailand**. (ฉันมาจาก**ประเทศไทย**)

Zurzeit wohne ich in ....ชื่อเมือง.......... in der ....ชื่อถนน...... Straße .บ้านเลขที่....

(ปัจจุบันฉันพักอาศัยอยู่ที่เมือง......ถนน.....บ้านเลขที่.....)

Meine Muttersprache ist **thailändisch** aber ich kann auch sehr gut **Englisch**, ein bisschen **Japanisch** und ein bisschen **Deutsch** sprechen.

(ภาษาแม่ของฉันคือ**ภาษาไทย** แต่ฉันพูด**ภาษาอังกฤษ**ได้ดีมากๆ, พูด**ภาษาญี่ปุ่น** และ**ภาษาเยอรมัน** ได้นิดหน่อยด้วย)

Von Beruf bin ich.............. **Gesundheitswissenschaftlerin.**

(โดยอาชีพฉันเป็น ....**นักวิชาการสาธารณสุข**)

- Von Beruf bin ich **Masseurin.** (อาชีพของฉัน คือ **พนักงานนวด(ผู้หญิง)**)
- Von Beruf bin ich **Krankenschwester.** (อาชีพของฉัน คือ **พยาบาล**)

Meine Hobbys sind Musik hören, Bücher lesen und Malen.

(งานอดิเรกของฉันคือฟังเพลง อ่านหนังสือ และวาดภาพ)

****Vielen Dank = ขอบคุณ ***   จบการแนะนำตัว

Nachfrage: คำถามจากกรรมการ ปกติ จะมี 1-2 คำถามง่ายๆ เกี่ยวกับสิ่งที่เราเพิ่งแนะนำตัวไป

Möglich Prüferfragen. คำถามที่น่าจะเป็นไปได้

Sind Sie verheiratet?   คุณแต่งงานหรือยัง?
Haben Sie Kinder?   คุณมีลูกไหม?
Wie lange schon lernen Sie Deutsch?   คุณเรียนภาษาเยอรมันมานานแค่ไหนแล้ว?
Wo lernen Sie Deutsch?   คุณเรียนภาษาเยอรมันที่ไหน

Bespiel: ตัวอย่างการตอบคำถามแบบยาว นะคะ สามารถนำไปใช้ในระดับ **B1**

1. Erzählen Sie bitte ein bisschen mehr über Ihre Arbeit / Ihren Job. (กรุณาพูดอธิบายเกี่ยวกับงานที่คุณทำสัก
นิดนึง)

In Thailand habe ich als Gesundheitsbeamtin im Gesundheitsamt gearbeitet.
ตอนอยู่เมืองไทยฉันทำงาน ตำแหน่งนักวิชาการสาธารณสุขอยู่ที่ สำนักงานสาธารณสุขอำเภอ
 Normalerweise arbeite ich vom Montag bis Freitag zwischen 08.30 und 16.30Uhr. (โดยปกติแล้ว ฉันทำงาน
วันจันทร์ถึงศุกร์ระหว่าง 08.30-16.30 น.) Am Wochenende arbeite ich nicht. (วันหยุดสุดสัปดาห์ฉันไม่ได้ทำงาน)
. Normalerweise arbeite ich in der Schule von Montag bis Freitag zwischen 08.30 und 16.30 Uhr. Ich
habe Thai und Mathematik gelehrt. In meiner Schule gibt es ungefähr...... Schüler und .... Lehrer.
 คนที่เป็นครู: โดยปกติแล้ว ฉันทำงานในโรงเรียน วันจันทร์ถึงวันศุกร์ ระหว่างเวลา 08.30-16.30 น. ฉันเคยสอนวิชา
ภาษาไทย และ วิชาคณิตศาสตร์. ในโรงเรียนของฉันมีนักเรียน ประมาณ.... คน และ คุณครู.... คน

- In meiner Freizeit lese ich gerne viele Bücher.   (ในเวลาว่าง ฉันชอบอ่านหนังสือมากเยอะ)
Manchmal höre ich Musik und ich sehe auch gerne fern. (บางครั้งก็ฟังเพลง. และก็ชอบดูทีวี)
Am Wochenende arbeite ich gerne mit meinem Mann in unserem kleinen Garten.
(ในวันหยุดสุดสัปดาห์ ฉันชอบทำงาน(ทำสวน)กับสามีของฉันในสวนเล็ก ๆ ของพวกเรา)

PS: ฝึกพูดบ่อยๆ จนมั่นใจ การแนะนำตัวเป็นส่วนที่ ช่วยให้คะแนนในการพูดได้ อีกส่วนหนึ่ง

Teil 2: Ein Alltagsgespräch führen (ca. vier Minuten)

ส่วนที่ 2 พูดสนทนา (ถาม-ตอบ)เกี่ยวกับกิจวัตรประจำวันของเรา (ประมาณ 4 นาที)

กรรมการจะพูดให้เราดูเป็นตัวอย่าง

ยกตัวอย่างกรรมการได้คำว่า Was ...?

กรรมการก็จะถามคู่ว่า Frage: Was ist dein Lieblingsessen? (อาหารจานโปรดของคุณคืออะไร)

Antwort: Mein Lieblingsessen ist gebratener Reis.

อาหารจานโปรดของฉันคือ ข้าวผัด

และหลังจากนั้นกรรมการ ก็จะบอกให้เราเริ่มพูด

กรรมการจะพูดว่า Möchten Sie bitte anfangen? (คุณต้องการจะเริ่มพูดเลยมั้ย)

Wer möchte zuerst anfangen? (ใครต้องการพูดก่อน)

หัวข้อ (คำ) ที่เราจะต้องพูด กรรมการ จะมี บัตรคำ มาวางบนโต๊ะ **ให้เราเลือกหยิบมา 2 แผ่น**

(เลือกบัตรคำ คนละ 2 ใบ) และกรรมการ จะให้ **Joker มาเพิ่ม อีก 1 บัตรคำ** Joker หรือตัวช่วย (คือเราจะถาม คำถามอะไร ก็ได้ ค่ะ ที่เกี่ยวกับชีวิตประจำวัน) แล้วเราก็ถามคำถามคู่ของเรา (ถ้าเพื่อนถามเราก็ต้องเป็นฝ่ายตอบ)สลับกัน ถามตอบ ทีละ คำถาม จนครบคนละ 3 คำถาม

(***และถ้าเพื่อนถามคำถามเรา เราก็ต้องเป็นฝ่ายตอบคำถาม ตอบคำถามเสร็จ เราก็ถามคำถามกลับ จนครบคนละ 3 คำถาม***)

Frage คำถาม จำนวน 3 คำถาม และ Antwort คำตอบจำนวน 3 คำตอบ

Thema:หัวข้อ Tagesablauf (กิจวัตรประจำวัน)

ปกติถ้าเราไม่รู้จักกันมาก่อน ต้องใช้ Sie

แต่เราสามารถชวนคู่เรา พูด **Du** ได้ โดยพูดว่า **Sollten wir uns** duzen?

  ในตัวอย่างครูจะเขียนประโยคไว้ ทั้ง 2 แบบ คือ ถาม คนที่เราเรียก **Sie** และ คนที่เราเรียก **Du**

แต่เวลาถามคู่เรา ให้เลือกเอา ประโยคใดประโยคหนึ่งเท่านั้น จะ **Sie** ก็ **Sie** ทั้งหมด จะ **Du** ก็ **Du** ทั้งหมดทุกคำถาม ค่ะ

Beispiel1:

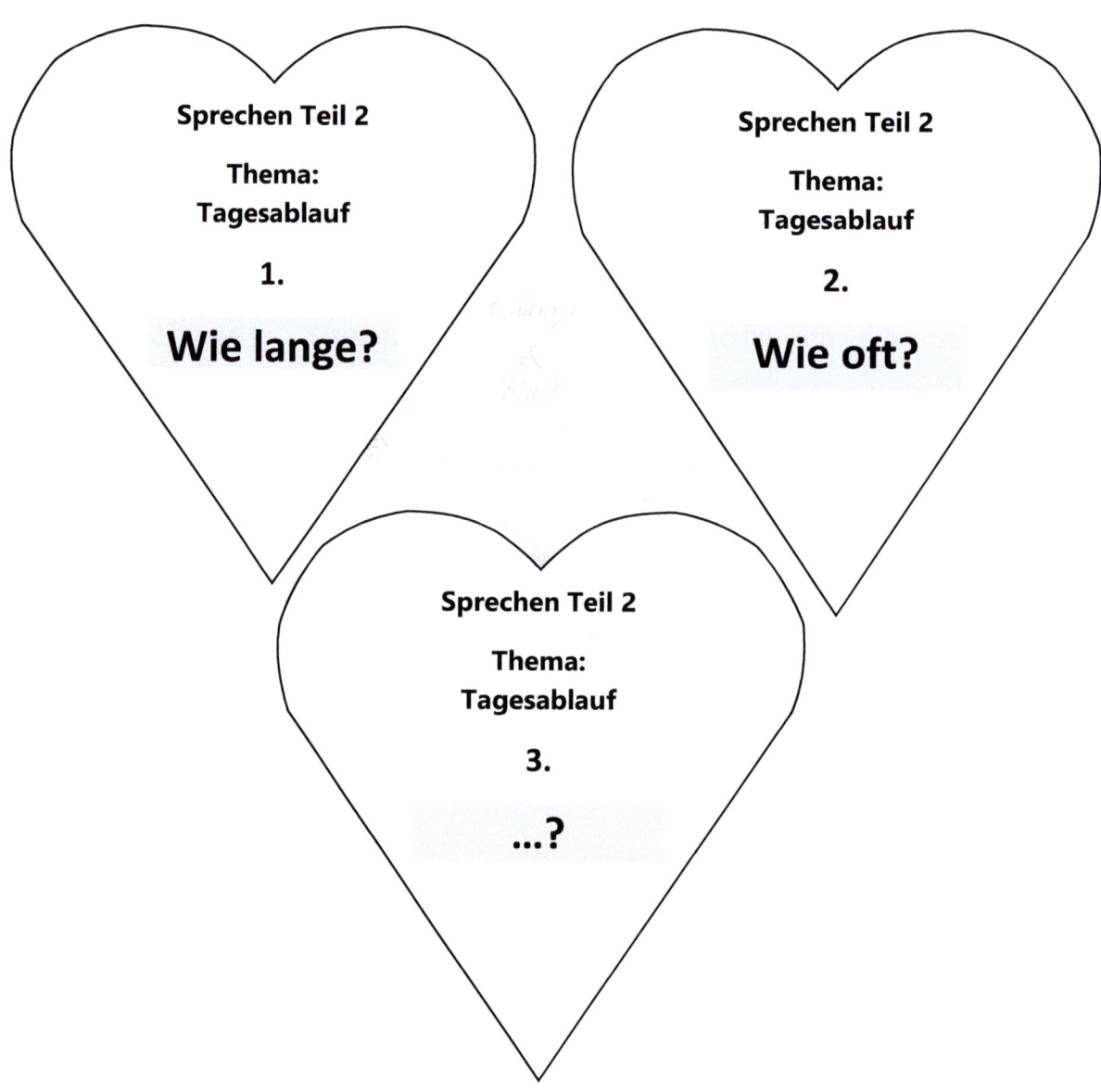

Sprechen Teil 2

**Thema:
Tagesablauf**

1.

Wie lange?

Sprechen Teil 2

**Thema:
Tagesablauf**

2.

Wie oft?

Sprechen Teil 2

**Thema:
Tagesablauf**

3.

...?

1. Wie lange? นานแค่ไหน

Frage: Wie lange fährst du von zu Hause zur Arbeit?

Wie lange fahren Sie von zu Hause zur Arbeit? คุณใช้เวลาขับรถไปทำงานนานแค่ไหน?

Antwort: Es dauert ungefähr 20 Minuten.

Frage: Wie lange lernen Sie Deutsch?

Wie lange lernst du Deutsch?   คุณเรียนภาษาเยอรมันนานแค่ไหน

Antwort: Ich lerne Deutsch für 3 Monate   (ฉันเรียนภาษาเยอรมันเป็นเวลา 3 เดือน)

2. Wie oft? ประเทศ

Frage: Wie oft waschen Sie Ihre Haare? / Wie oft wäschst du deine Haare?

(คุณสระผมบ่อยแค่ไหน?)

Antwort: Ich wasche meine Haare 4-mal im Monat.   (ฉันสระผมเดือนละ 4 ครั้ง)

Frage: Wie oft putzen Sie Ihre Wohnung? / Wie oft putzt du deine Wohnung?

(คุณทำความสะอาดอพาร์ทเมนต์บ่อยแค่ไหน?)

Antwort: Ich putze meine Wohnung 4-mal pro Woche.

(ฉันทำความสะอาด อพาร์ทเมนต์ของฉัน 4 ครั้งต่อสัปดาห์)

Frage: Wie oft gehen Sie zum Friseur? / Wie oft gehst du zum Friseur?

(คุณไปร้านทำผมบ่อยแค่ไหน?)

Antwort: Ich gehe zum Friseur einmal pro Jahr.

(ไปร้านทำผมปีละครั้ง)

3.Wann? เมื่อไหร่

Frage: Wann stehen Sie auf? / Wann stehst du auf?   คุณตื่นนอนเมื่อไหร่?

Antwort: Ich stehe ungefähr <u>um 8 Uhr</u> auf.   (ฉันตื่นนอนตอนประมาณ 8 โมงเช้า)

Beispiel 2:

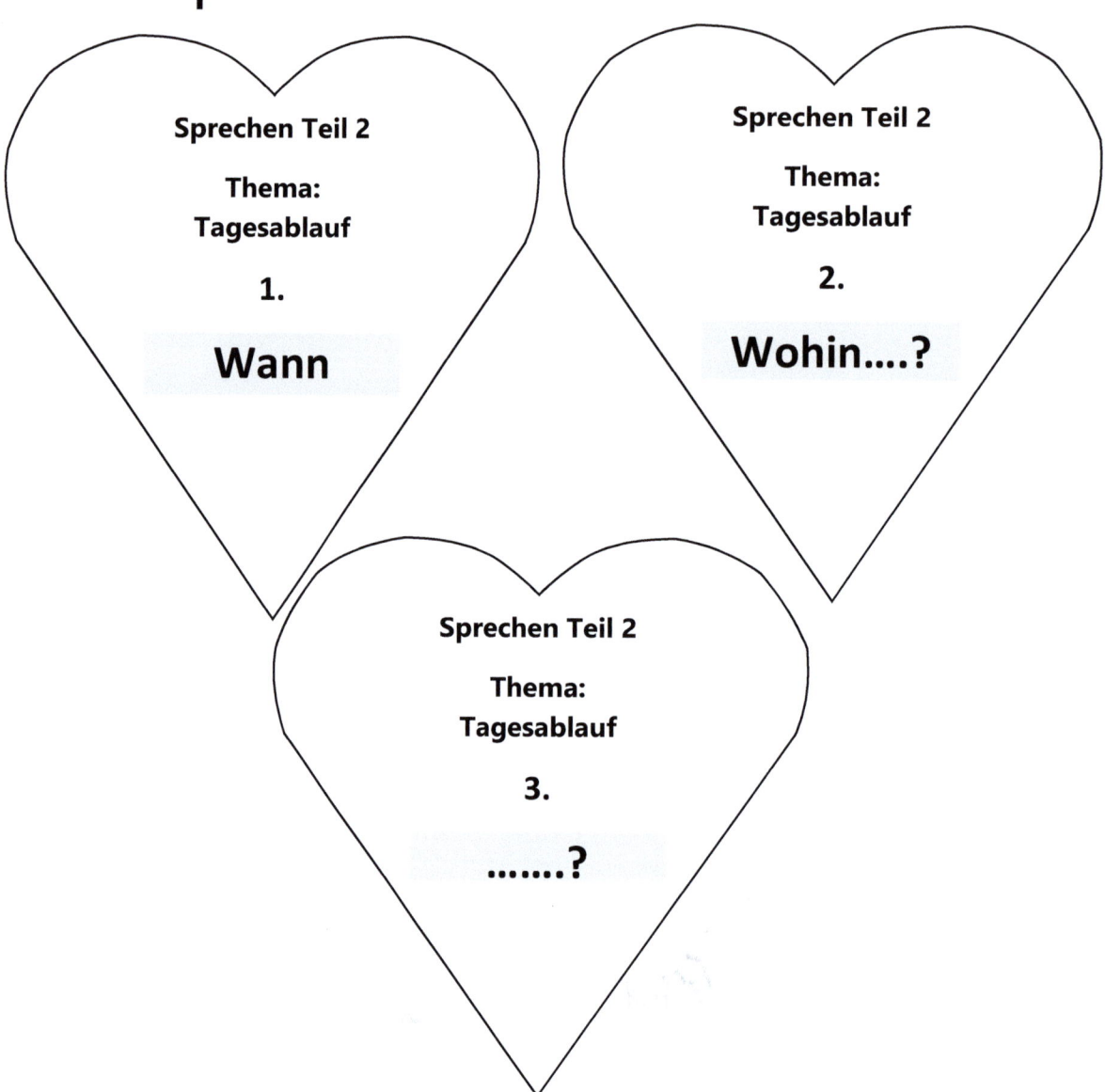

Sprechen Teil 2

Thema:
Tagesablauf

1.

Wann

Sprechen Teil 2

Thema:
Tagesablauf

2.

Wohin....?

Sprechen Teil 2

Thema:
Tagesablauf

3.

.......?

1. Wann? เมื่อไหร่

Frage: <u>Wann</u> gehen Sie ins Bett? / Wann gehst du ins Bett?   (คุณเข้านอนเมื่อไหร่?)

Antwort: Ich gehe <u>um 8 Uhr</u> ins Bett.   (ฉันเข้านอนตอน สองทุ่ม)

Frage: <u>Wann</u> gehen Sie ins Bett? / Wann frühstückst du? (คุณทานอาหารเช้ากี่โมง?)

Antwort: Ich <u>frühstücke</u> um 9 Uhr morgens.   (ฉัน<u>ทานอาหาร</u>เช้าตอน 9 โมงเช้า)

2. Wohin? ไปที่ไหน

Frage: <u>Wohin</u> fahren Sie gerne? / Wohin fährst du gerne?   (คุณชอบขับรถไปที่ไหน?)

Antwort: Normalerweise fahre ich am Wochenende zum Strand.

(โดยปกติฉันชอบขับรถไปชายทะเล ในวันหยุดสุดสัปดาห์)

3. .... Wie lange? นานแค่ไหน

Frage: <u>Wie lange</u> schlafen Sie normalerweise? โดยปกติคุณนอนนานแค่ไหน

<u>Wie lange</u> schläfst du normalerweise?

Antwort: Normalerweise schlafe ich 10 Stunden am Tag. (von 20 Uhr bis 8 Uhr morgens.

(โดยปกติฉันนอน 10 ชม ต่อวัน (จาก สองทุ่ม ถึง 8 โมงเช้า)

Frage: Wie lange fährst du von zu Hause zur Arbeit?

 Wie lange fahren Sie von zu Hause zur Arbeit?คุณใช้เวลาขับรถไปทำงานนานแค่ไหน?

Antwort: Es dauert ungefähr 20 Minuten. (ใช้เวลาประมาณ 20 นาที)

Frage: Wie lange lernen Sie Deutsch?   คุณเรียนภาษาเยอรมันนานแค่ไหน

 Wie lange lernst du Deutsch?

Antwort: Ich lerne Deutsch für 3 Monate (ฉันเรียนภาษาเยอรมันเป็นเวลา 3 เดือน)

Beispiel3:

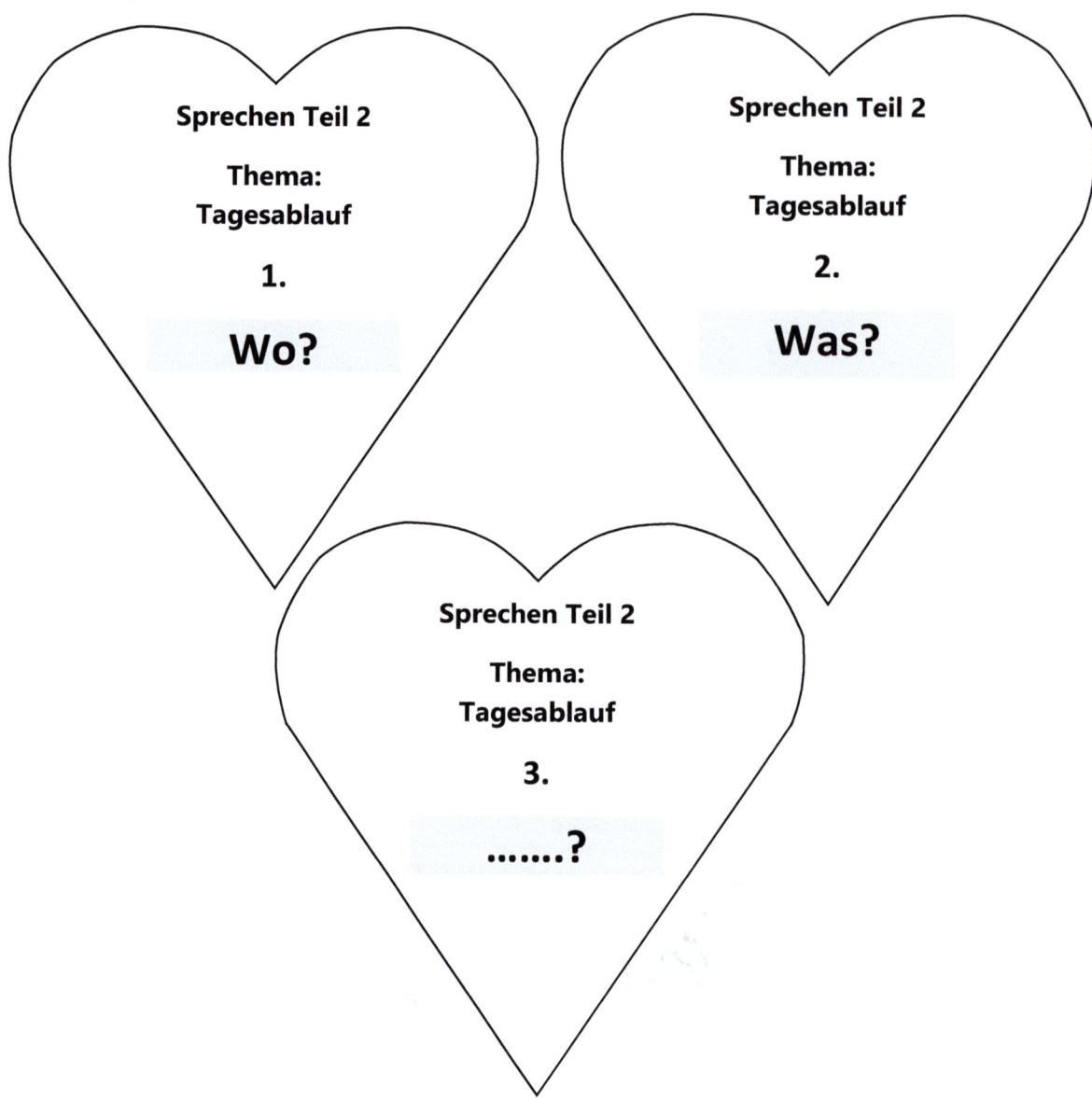

Sprechen Teil 2

Thema:
Tagesablauf

1.

Wo?

Sprechen Teil 2

Thema:
Tagesablauf

2.

Was?

Sprechen Teil 2

Thema:
Tagesablauf

3.

.......?

1. Wo? ที่ไหน

Frage: Wo gehst du gerne einkaufen? โดยปกติคุณไปช้อปปิ้งที่ไหน?

Wo gehen Sie gerne einkaufen?

Antwort: Normalerweise gehe ich zum Einkaufen in den Supermarkt und ins Einkaufszentrum.   (โดยปกติฉันไปช้อปปิ้งที่ ซุปเปอร์มาร์เก็ตและศูนย์การค้า)

Frage: Wo kaufst du gerne deine **<u>Klamotten</u>**?   (คุณซื้อ<u>**เสื้อผ้าของคุณ**</u>ที่ไหน?)

Wo kaufen Sie gerne Ihre Klamotten?

Antwort: Normalerweise kaufe ich Kleidung im Einkaufszentrum und im Internet.   (ปกติ ฉันซื้อเสื้อผ้าในศูนย์การค้า และใน อินเตอร์เน็ต)

2. Was? อะไร

Frage: Was machst du gerne am Wochenende?

Was machen Sie gerne am Wochenende?

(วันหยุดสุดสัปดาห์คุณชอบทำอะไร?)

Antwort: Am Wochenende höre ich gerne Musik und fahre ich mit dem Fahrrad.

(วันหยุดสุดสัปดาห์ฉันชอบฟังเพลงและปั่นจักรยาน)

3......... Wann? เมื่อไหร่

Frage: Wann stehen Sie auf? / Wann stehst du auf?   คุณตื่นนอนเมื่อไหร่?

Antwort: Normalerweise stehe ich um 8 Uhr auf. (โดยปกติแล้วฉันตื่นนอน 8 โมงเช้า)

ฝึกคำถามคำตอบเพิ่มเติมจากหน้า 22 ถึง 39 นะคะ   ใช้หลักการเดียวกัน

Teil 3: Etwas aushandeln (ca. 4Minuten)

ส่วนที่ 3 การเจรจาต่อรองอะไรบางอย่างร่วมกัน (ซึ่งใช้หลักการเดียวกันกับการวางแผนอะไรสักอย่างร่วมกัน) (ประมาณ 4 นาที)

ผู้คุมสอบจะแจกกระดาษงาน ให้เราทำ ซึ่ง เราจะได้คนละแบบ (z.B. Terminkalender ยกตัวอย่าง ตารางปฏิทิน ใน แต่ละวัน) ซึ่งตารางกิจวัตรประจำวันของเรา กับคู่พูดของเรา จะต่างกัน แล้วเราต้อง

เวลาที่ เรากับคู่ของเราว่า **ตรงกัน** เพื่อไปทำกิจกรรม อะไรสักอย่างด้วยกัน

<u>(ซึ่งหลักการพูด เป็นแบบเดียวกัน กับ ของ Goethe – Zertifikat A2</u>

<u>(Teil 3 ส่วนที่ 3) ในหน้า 60-81)</u>

Beispiel 1 Sie wollen zusammen für <u>**eine Freundin**</u> aus dem Deutschkurs ein Geschenk kaufen.

(**พวกคุณสองคน** ต้องการ จะซื้อของขวัญให้กับ<u>**เพื่อน (ผู้หญิง)**</u> ที่เรียนในคลาสภาษาเยอรมันด้วยกัน ของคุณ (ต้องการไปซื้อด้วยกัน)

Finden Sie einen passenden Termin. Machen Sie Vorschläge.

(พวกคุณจะต้องหา ตารางที่เหมาะสม (ที่ว่างตรงกันทั้งสองคน) แล้วเสนอแนะว่าจะไปซื้ออะไรเป็นของขวัญ)

***วิธีการพูดใน ส่วนที่ 3 ให้เราเป็นฝ่ายเริ่มต้นก่อน โดยการหาตารางว่าง ให้เราดูในตาราง แล้วถาม

เพื่อน ว่า เธอมีเวลา ว่างด้วยรึเปล่า ส่วนเวลาไหนที่เรา มีกิจกรรมต้องทำ ไม่ต้องพูดถึง) ***

หลังจากสอบ Teil 3 เสร็จ กรรมการจะขอบคุณเรา และแจ้งเราว่า การสอบเสร็จสิ้นเรียบร้อยแล้ว

Beispiel 1: **Sie** möchten **ein Geschenk** für **eine Freundin** aus dem Deutschkurs_kaufen.
(พวกคุณสองคน ต้องการ จะซื้อของขวัญให้กับเพื่อน (ผู้หญิง) ที่เรียนในคลาสภาษาเยอรมันด้วยกัน ของคุณ (ต้องการไปซื้อด้วยกัน)

Finden Sie **einen Termin!** หาตารางนัดหมาย (เมื่อไหร่จะมีเวลาว่างตรงกัน, จะซื้ออะไรเป็นของขวัญ)

Mein Tagesablauf am Donnerstag 11.11.11

A: ตารางเรา

Uhrzeit	Aktivitäten
06:00	
07:00	
08:00	
09:00	Frühstück mit Max in der Bäckerei
10:00	
11:00	Friseursalon / Haare schneiden
12:00	
13:00	
14:00	
15:00	Mit dem Hund nach draußen
16:00	ins Schwimmbad gehen
17:00	Abendessen bei Eltern
18:00	Internet surfen
19:00	

A:

B: ตารางของคู่เรา

Uhrzeit	Aktivitäten
06:00	lange schlafen
07:00	
08:00	
09:00	bei der Bank
10:00	Sport treiben
11:00	Großeltern besuchen
12:00	Fernsehen
13:00	Besuch von Jasmin
14:00	
15:00	Mit dem Hund nach draußen
16:00	Fußball trainieren
17:00	
18:00	ins Kino gehen
19:00	Abendessen bei Yada

A: Hallo

B: Hallo

A: Wie geht es dir?

คุณสบายดีมั้ย

B: Mir geht es gut, danke und dir?

ฉันสบายดี แล้วคุณหล่ะ

A: Ja, mir geht es auch gut, danke.

ใช่,ฉันสบายดีเช่นกัน, ขอบคุณ

A: Weißt du was, **wir** wollen zusammen für eine Freundin (Leni) aus dem Deutschkurs ein Geschenk kaufen. นี่เธอรู้มั้ย, พวกเราควรจะ ซื้อของขวัญให้เพื่อน Leni (ผู้หญิงคนนึง) ของเรา

A: **Am Donnerstag** von **6 Uhr bis 8 Uhr** habe ich Zeit.

วันพฤหัสบดี จากเวลา 6 โมงถึง 8 โมง ฉันมีเวลา

   Hast du auch Zeit? เธอหล่ะมีเวลาหรือเปล่า

B: Nein, leider nicht. Ich muss **lange schlafen**. ไม่,น่าเสียดายจัง ฉันต้อง**นอนนาน** (ยังไม่ตื่นนอน)

A: Ich habe um 10 Uhr Zeit. Hast du Zeit, um 10 Uhr? ตอน 10 โมงฉันมีเวลานะ เธอหล่ะ

B: Nein, leider nicht. Ich muss **Sport treiben**. ไม่, ฉันต้อง **เล่นกีฬา**(ออกกำลังกาย)

A: Hast du um 12 Uhr Zeit?   ตอน เที่ยงเธอมีเวลามั้ย

B: Nein, leider nicht. Ich muss **fernsehen**.   ไม่, น่าเสียดายฉันต้อง**ดูทีวี**

A: Hast du um 13 Uhr Zeit?   แล้วบ่ายโมงหล่ะ เธอมีเวลามั้ย

B: Nein, leider nicht. **Jasmin besucht mich** um 13 Uhr. ไม่ , **จัสมิน มาเยี่ยมฉัน**

A: Ich habe **um 14 Uhr** Zeit.   ฉันมีเวลาตอน บ่ายสองโมง

   Hast du um 14 Uhr Zeit?   เธอมีเวลามั้ย

B: Ja, **ich habe Zeit.**   ใช่, **ฉันมีเวลา**

A: Gut, dann können wir **am Donnerstag** **um 14 Uhr** im Einkaufzentrum treffen.
ดีเลยงั้นเราไปเจอกัน วันพฤหัสบดี บ่ายสอง ในห้างสรรพสินค้านะ.

Ich denke, wir sollten **eine schöne Tasche** für Leni kaufen. ฉันคิดว่าเราซื้อกระเป๋าสวยๆให้ **Leni**

Was denkst du?   เธอคิดเห็นยังไง

B: Ich stimme dir zu. Wir treffen uns um 14 Uhr im Einkaufzentrum.

ฉันเห็นด้วยกับคุณ เราพบกันเวลาบ่ายสองที่ห้างสรรพสินค้านะ

Bis bald. แล้วเจอกัน

ดูตัวอย่างการพูดวางแผนเพิ่มเติมจากหน้า ในหน้า **60-81** นะคะ ใช้หลักการเดียวกันค่ะ

ไวยากรณ์ภาษาเยอรมัน ที่นำไปใช้ใน ระดับ **A1-A2**

อธิบายเพิ่มเติม เรื่อง ตัวอักษร ตัวเลข และเวลา ได้นะคะ สแกน **QR** โค้ด
เพื่อชมวีดีโอการสอน ของครูปู ได้เลยค่ะ

das Alphabet (ตัวอักษร)

das Alphabet ตัวอักษรในภาษาเยอรมัน มีทั้งหมด 26 ตัว

A	B	C	D	E	F	G	H	I	J	K	L	M	N	O	P	Q	R	S	T	U	V	W	X	Y	Z
a	b	c	d	e	f	g	h	i	j	k	l	m	n	0	p	q	r	s	t	u	v	w	x	y	z

A	B	C	D	E	F	G	H	I	J	K	L	M	N
a	b	c	d	e	f	g	h	i	j	k	l	m	n
อา	เบ	เซ	เด	เอ	เอฟ	เก	ฮา	อี	ย๊ท	คา	เอ็ล	เอ็ม	เอ็น

O	P	Q	R	S	T	U	V	W	X	Y	Z
0	p	q	r	s	t	u	v	w	x	y	z
โอ	เพ	คู	แอร์	เอส	เท	อู	เฟา	เว	อิกซ์	อิ๊ป ซีลอน	เซ็ท

พิเศษ ß = ss (เอสเซ๊กส์

สระในภาษาเยอรมัน ที่ควรรู้

การออกเสียง					
A	a	อา	Ä	ä	แอ
E	e	เอ			
I	i	อิ			
O	o	โอ	Ö	ö	เออ
U	u	อู	Ü	ü	อือ
EI	ei	ไอ (เสียงสูง)			
AI	ai	ไอ			
IE	ie	อี			
EU	eu	ออ			
ÄU	äu	ออ (เสียงสูง)			
AU	au	เอา			

Zahlen ตัวเลข 1-10

1	2	3	4	5	6	7	8	9	10
eins	**zwei**	**drei**	**vier**	**fünf**	**sechs**	**sieben**	**acht**	**neun**	**zehn**
ไอนซ์	สไว	ไตร	เฟีย	ฟืนฟ์	เซ๊คส์	ซีเบิ่น	อั๊ค	นอยน์	เซน

Zahlen ตัวเลข			
1 = eins	11 = elf	21 = einundzwanzig	1000 = (ein)tausend
2 = zwei	12 = zwölf	30 = dreißig	2009 = zweitausendneuns
3 = drei	13 = dreizehn	40 = vierzig	10,000 = zehntausend หนึ่งหมื่น
4 = vier	14 = vierzehn	50 = fünfzig	20,000 = zwanzigtausen สองหมื่น
5 = fünf	15 = fünfzehn	60 = sechzig	der/die/ das Erste ลำดับที่หนึ่ง,ชั้นที่
6 = sechs	16 = sechzehn	70 = siebzig	der/die zweite ลำดับที่สอง,ชั้นที่
7 = sieben	17 = siebzehn	80 = achtzig	der/die dritte ลำดับที่สาม,ชั้นที่
8 = acht	18 = achtzehn	90 = neunzig	der/ die vierte ลำดับที่สี่,ชั้นที่
9 = neun	19 = neunzehn	100 = (ein)hundert	1,000, 000 = eine Million หนึ่งล้าน
10 = zehn	20 = zwanzig	101 = hunderteins	1 Milliarde พันล้าน

Die Uhrzeit เวลา

08:00 Uhr

(Es ist acht Uhr.)

09:30 Uhr

(Es ist halb Zehn.)

07:45 Uhr

(Es ist Viertel vor acht.)

08:15 Uhr

(Es ist Viertel nach acht.)

Wortschatz (คำศัพท์)

Im Haus ในบ้าน / zu Hause ที่บ้าน

der Flur, die Tür, das Fenster, das Dach, die Decke, die Garage, der Keller, der Balkon

(โถงทางเดิน, ประตู, หน้าต่าง, หลังคา, เพดาน, โรงรถ, ห้องใต้ดิน, ระเบียง

der Waschraum, der Arbeitsraum, das Schlafzimmer, das Wohnzimmer, der Garten

(ห้องซักรีด, ห้องทำงาน, ห้องนอน, ห้องนั่งเล่น /ห้องรับแขก สวน)

Die Angabe / die Information ข้อมูล

die Person, der Name, die Adresse, das Telefon, das Geburtsdatum,

บุคคล ชื่อ ที่อยู่ โทรศัพท์ วันเดือนปีเกิด

das Alter , der Geburtsort

อายุ สถานที่เกิด

Die Farbe / die Farben สี

das Weiß, das Grün, das Rot, das Blau, das Gelb, das Braun, das Schwarz, das Grau,

สีขาว สีเขียว สีแดง สีน้ำเงิน สีเหลือง สีน้ำตาล สีดำ สีเทา

das Hellblau, das Dunkelblau, das Pink / Rosa, das Hellviolett / Flieder, das Lila/ Violet

สีฟ้าอ่อน สีน้ำเงินเข้ม สี ชมพู สีม่วงอ่อน สีม่วง

Orange สีส้ม **und Indigo** และ สีคราม

das Essen / das Gericht อาหาร

gebratener Reis, die Pizza, das Omelett, das Spiegelei, das Brot, die Nudeln,

ข้าวผัด, พิซซ่า, ไข่เจียว, ไข่ดาว, ขนมปัง, บะหมี่/ ก๋วยเตี๋ยว

die Spaghetti, das gekochte Ei, das Schnitzel, die Pommes, der Reis

สปาเก็ตตี้, ไข่ต้ม, ชนิทเซล, มันฝรั่งทอด เฟรนช์ไฟร์, ข้าว

Das Trinken/ das Getränk เครื่องดื่ม

Der Orangensaft, das Wasser, der Saft, der Zitronensaft, das Bier, die Fanta,

น้ำส้ม น้ำ น้ำผลไม้ น้ำมะนาว เบียร์ แฟนต้า

die Cola, die Milch, die heiße Schokolade, der Kaffee, der Tee

โคล่า นม ช็อคโกแลตร้อน กาแฟ ชา

Das Interesse ความสนใจ

die Kunst, die Musik, die Bücher, das Reisen, die Gartenarbeit, die Arbeit,

ศิลปะ, ดนตรี, หนังสือ, การเดินทาง, การทำสวน, การทำงาน,

das Lied, die Zeichnung, die Malerei, das Parfüm, das Einkaufen

เพลง, การภาพวาด, การภาพวาด, น้ำหอม, การซื้อของ/ ช้อปปิ้ง

Das Haustier / die Haustiere: (Das Tier/ die Tiere) สัตว์เลี้ยงในบ้าน

der Welpe, das Kätzchen, die Katze, der Hund, der Vogel, der Hamster,

ลูกสุนัข, ลูกแมว, แมว, สุนัข, นก, หนูแฮมสเตอร์,

der Hase, die Maus, die Ratte, die Schlange, die Schildkröte, die Schnecke

กระต่าย หนู หนู งู เต่า หอยทาก

der Fisch ปลา

das Lied / der Song เพลง , die Musik ดนตรี

der Song / das Lied, die Musik, die Popmusik, die Rockmusik, die Musikband,

เพลง/เพลง, ดนตรี, เพลงป๊อป, เพลงร็อค, วงดนตรี

die klassische Musik ดนตรีคลาสสิก

Traumjob / Traumberuf งานในฝัน

Arbeit/Beruf,   **der Journalist / die Journalistin**   **,der Violinist/ die Violinistin**

งาน/อาชีพ,   นักข่าว, ผู้ทำงานวารสาร,   นักไวโอลิน

der Polizist/ die Polizistin,   **der Pilot/ die Pilotin,**   **der Astronom / die Astronomin,**

ตำรวจ,   นักบิน,   นักดาราศาสตร์,

der Architekt/ die Architektin,   **der Arzt/ die Ärztin,**   **der Zahnarzt/ die Zahnärztin**

สถาปนิก,   แพทย์,   ทันตแพทย์

Hobbys งานอดิเรก

Sport treiben,   **spazieren gehen,**   **Gitarre spielen,**   **Singen,**   **Party machen,**

เล่นกีฬา,   ไปเดินเล่น,   เล่นกีตาร์,   ร้องเพลง,   จัดปาร์ตี้,

im Garten arbeiten   ทำงานในสวน

Das Familienmitglieder สมาชิกในครอบครัว

die Familienmitglieder,   **die Geschwister,**   **der Vater,**   **die Mutter,**   **die Schwester,**

สมาชิกในครอบครัว,   พี่น้อง,   พ่อ,   แม่,   พี่/น้องสาว,

der Bruder,   **der Sohn,**   **die Tochter,**   **das Kind,**   **der Onkel,**   **die Tante,**

พี่/น้องชาย,   ลูกชาย,   น้องสาว,   เด็ก/,น้อง   ลุง,อา น้า (ผู้ชาย)   ป้า, อา น้า (ผู้หญิง)

die Cousine,   **die Eltern,**   **der Enkel,**   **die Enkelin,**   **die Großeltern ,**   **der Großvater,**

ลูกพี่ลูกน้อง,   ผู้ปกครอง   หลานชาย   หลานสาว   คุณปู่ย่า /คุณตายาย   คุณตา/ คุณปู่

die Großmutter, คุณย่า/ยาย

die Himmelsrichtung / die Himmelsrichtungen   ทิศ / ทิศทาง

der Norden,   **der Süden,**   **der Osten,**   **der Westen,**   **der Nordosten,**

ทิศเหนือ   ทิศใต้   ทิศตะวันออก   ทิศตะวันตก   ทิศตะวันออกเฉียงเหนือ

der Nordwesten ทิศตะวันตกเฉียงเหนือ,   **rechts** ขวา,   **links** ซ้าย

der Monat / die Monate สมาชิกในครอบครัว

der Januar,   **der Februar,**   **der März,**   **der April,**   **der Mai,**   **der Juni,**

เดือนมกราคม   เดือนกุมภาพันธ์   เดือนมีนาคม   เดือนเมษายน   เดือนพฤษภาคม   เดือนมิถุนายน

der Juli,   **der August,**   **der September**

เดือนกรกฎาคม   เดือนสิงหาคม   เดือนกันยายน

der Oktober,   **der November,**   **der Dezember**

เดือนตุลาคม   เดือนพฤศจิกายน   เดือนธันวาคม

die Tageszeiten   สมาชิกในครอบครัว

der Tag,   **der Morgen,**   **der Mittag,**   **der Nachmittag,**

วัน   ตอนเช้า   ตอนเที่ยง,   ตอนบ่าย,

der Montag,   **der Dienstag,**   **der Mittwoch**   **der Donnerstag,**

วันจันทร์   วันอังคาร   วันพุธ   วันพฤหัส,

der Freitag,   **der Samstag,**   **der Sonntag**

วันศุกร์   วันเสาร์   วันอาทิตย์

Der Abend,   **die Nacht,**   **die Mitternacht,**   **der Arbeitstag,**   **das Wochenende,**

ตอนเย็น,   ตอนกลางคืน   เที่ยงคืน   วันทำงาน   วันหยุดสุดสัปดาห์

am Wochenende   ในช่วงสุดสัปดาห์   **am Vormittag**   ก่อนเที่ยง (หมายถึงก่อนเวลา 12.00 น.)

คำศัพท์อื่นๆ ที่ควรรู้

ภาษาเยอรมัน	ภาษาไทย	ภาษาเยอรมัน	ภาษาไทย
die Speisekarte	เมนู ,รายการอาหาร	die Polizei	ตำรวจ
das Spiegelei	ไข่ดาว	die Ampel	สัญญาณไฟจราจร
das Omelett	ไข่เจียว	die U-Bahn	รถไฟใต้ดิน
der Spiegel	กระจก	die Stadtbahn	รถไฟในเมือง
das Salz	เกลือ	die Kuh	วัว
der Zucker	น้ำตาล	die Tulpe	ดอกทิวลิป
die Soße	ซอส	der Elefant	ช้าง
die Vase	แจกัน	die Gurke	แตงกวา
das Bild	ภาพ	der Kohl	กะหล่ำปลี
das Foto	ภาพถ่าย	der Pullover	เสื้อสวมหัว
das Papier	กระดาษ	der Schal	ผ้าพันคอ

Lösungen เฉลย   Teil ส่วน   Lesen อ่าน   Texte ข้อความ

Aufgaben โจทย์, งานที่สั่งให้ทำ   Kreuzen... an   ทำเครื่องหมายกากบาท

Richtig ถูก   oder หรือ Falsch ผิด   Beispiel ตัวอย่าง

Sprechschule   โรงเรียนสอนภาษา   Öffnungszeiten เวลาเปิดทำการ

Im Restaurant ในร้านอาหาร   Eingang Restaurant ทางเข้าร้านอาหาร

Eingang Kino ทางเข้าโรงหนัง

Im Bahnhof ภายในบริเวณสถานีรถไฟ   Am Bahnhof   ที่สถานีรถไฟ

Am Fahrkartenautomaten ที่ตู้ขายตั๋วโดยสาร อัตโนมัติ

Im Hotelzimmer ในห้องพักของโรงแรม   Im Sportverein ในชมรมกีฬา

Vor einem Blumenladen หน้าร้านดอกไม้

am Sonntagnachmittag วันอาทิตย์ตอนบ่าย (หมายถึงหลังเวลา 12.00 น.)

Bei der Straßenbahn ที่รถราง   übernachten im Hotel.   นอนพักค้างคืน ในโรงแรม

Bei der Bäckerei ที่ร้านเบเกอรี่   Eingang Bücherei ทางเข้าร้านหนังสือ

ein Hochzeitsgeschenk ของขวัญวันแต่งงาน   ein Hochzeitskleid ชุดแต่งงาน

Deutsche Grammatik ไวยากรณ์ภาษาเยอรมัน

Nomen/ Substantive คำนาม   ในภาษาเยอรมัน เขียนขึ้นต้นด้วย **อักษรพิมพ์ใหญ่**เสมอ เช่น der **Hund** (สุนัข) das **Haus** (บ้าน)   das **Auto** (รถยนต์) และแสดงถึงชื่อ, สิ่งมีชีวิต , สิ่งของต่าง ๆ, สถานที่ หรือ เหตุการณ์

Artikel (คำนำหน้าคำนาม คน,สัตว์,สิ่งของ) ในภาษาเยอรมัน คำนามทุกคำจะมีเพศแบ่งเป็น 3 เพศ และ จะต้องมีคำนำหน้า หรือArtikel เสมอ คำนำหน้านาม จะขึ้นอยู่กับ เพศของคำๆ นั้น

der สำหรับคำนามที่เป็นเพศชาย ที่เป็นเอกพจน์ คือมีจำนวน เป็น หนึ่ง (จำนวน 1 ชิ้น, 1 คน, 1 อย่าง)

die สำหรับคำนามที่เป็นเพศหญิง ที่เป็นเอกพจน์ คือมีจำนวน เป็น หนึ่ง (จำนวน 1 ชิ้น, 1 คน, 1 อย่าง)

das สำหรับคำนามที่เป็นเพศกลาง ที่เป็นเอกพจน์ คือมีจำนวน เป็น หนึ่ง (จำนวน 1 ชิ้น, 1 คน, 1 อย่าง)

die สำหรับนำหน้าคำนามทุกเพศ ซึ่งเป็นรูปพหุพจน์ คือมีมากกว่าหนึ่ง

Artikel (คำนำหน้าคำนาม คน,สัตว์,สิ่งของ)

ในภาษาเยอรมัน จะใช้คำนำหน้าคำนามและเปลี่ยนแปลงไปตามเพศ จำนวน และกรณี มีคำนำหน้าอยู่ **3** ประเภท:

1. คำนำหน้าคำนาม ที่ชี้เฉพาะ (bestimmte Artikel)

ใช้เมื่ออ้างถึงบางสิ่งบางอย่างที่เจาะจง:

- **Masculine: der**   (der Mann   – ผู้ชาย(คนนั้น)
- Feminine: **die**   (die Frau   – ผู้หญิง(คนนั้น)
- **Neuter: das**   (das Kind   – เด็ก(คนนั้น)
- Plural: **die**   (die Häuser   – บ้าน(หลังนั้น)

2. คำนำหน้าคำนาม ที่ไม่ได้ชี้เฉพาะ (unbestimmte Artikel)

ใช้เมื่ออ้างถึงบางสิ่งบางอย่างที่เจาะจง:

- **Masculine: ein**   (ein Mann   – ผู้ชาย(คนหนึ่ง)
- Feminine: **eine**   (eine Frau   – ผู้หญิง(คนหนึ่ง)
- **Neuter: ein**   (ein Kind   – เด็ก(คนหนึ่ง)
- Plural: ไม่มี คำนิยามที่ไม่ได้ชี้เฉพาะ ในรูป พหุพจน์

(เพราะ ein & eine ทั้งหลายแปลว่า <u>หนึ่ง ซึ่งเป็นรูปเอกพจน์</u>

3. คำนำหน้าคำนาม เชิงปฏิเสธ (Negativartikel)

ใช้กับคำนามในรูปปฏิเสธ:

- **Masculine: kein**   (kein Mann   – ไม่ใช่/ไม่มี ผู้ชาย)
- Feminine: **keine**   (keine Frau   – ไม่ใช่/ ไม่มีผู้หญิง)
- **Neuter: kein**   (kein Kind   – ไม่ใช่/ไม่มีเด็ก)
- Plural: **keine**   (keine Häuser   – ไม่ใช่/ไม่มีบ้าน)

คำนำหน้าคำนาม **(Artikel)** จะเปลี่ยนไปตามกรณี (Nominative, Accusative, Dative, Genitive) ตัวอย่าง
ของคำนำหน้าคำนาม ชี้เฉพา**(bestimmte Artikel)** ตัวอย่างเปรียบเทียบในตาราง

Case	Maskuline	Feminine	Neutral	Plural
Nominative	der Mann	die Frau	das Kind	die Häuser
	ผู้ชาย(คนนั้น)	ผู้หญิง(คนนั้น)	เด็ก(คนนั้น)	บ้าน(หลังนั้น)
Akkusative	den Mann	die Frau	das Kind	die Häuser
Dativ	dem Mann	der Frau	dem Kind	den Häusern
Genitive	des Mannes	der Frau	des Kindes	der Häuser
	ของผู้ชาย(คนนั้น)	ของผู้หญิง(คนนั้น)	ของเด็ก(คนนั้น)	ของบ้าน(หลังนั้น)

Pronomen (คำสรรพนาม คือ คำที่ใช้เรียกแทน ชื่อ คน สัตว์ สิ่งของ) ซึ่งจะแยกเป็น 9 ตัว ตามความหมาย ที่
ต่างกัน (จากตารางเราจะเห็นว่า คำสรรพนามในรูปของ **Nominativ**   **Akkusativ** และ **Dativ** มี
ความหมายเหมือนกัน แต่ทำหน้าที่ต่างกันแค่นั้นเอง ค่ะ)

	Nominativ (เป็นประธาน)		**Akkusativ** (เป็นกรรมตรง)		**Dativ** (เป็นกรรมรอง)		**Genitiv** (แสดงความเป็นเจ้าของ)	
1	**Ich**	ฉัน	**mich**	ฉัน	**mir**	ฉัน	**meiner**	ของฉัน
2	**Du**	คุณ (คนสนิท)	**dich**	คุณ	**dir**	คุณ	**deiner**	ของคุณ
3	Sie	หล่อน (คนเดียว)	sie	หล่อน(คน เดียว)	ihr	หล่อน(คน เดียว)	ihrer	ของหล่อน
4	**Er**	เขา (คนเดียว)	**ihn**	เขาคน เดียว	**ihm**	เขาคน เดียว	**seiner**	ของเขา
5	Es	มัน (สิ่งเดียว)	es	มัน (สิ่งเดียว)	ihm	มัน (สิ่งเดียว)	seiner	ของมัน
6	**Ihr**	พวกเธอ ทั้งสอง	**euch**	พวกเธอ ทั้งสอง	**euch**	พวกเธอ ทั้งสอง	**euer**	ของพวกเธอ
7	Wir	พวกเรา	uns	พวกเรา	uns	พวกเรา	unser	ของพวกเรา
8	**Sie**	พวกคุณ, คุณ (สุภาพ)	**Sie**	พวกคุณ, คุณ (สุภาพ)	**Ihnen**	พวกคุณ, คุณ (สุภาพ)	**Ihrer**	ของพวกคุณ, ของคุณ (สุภาพ)
9	Sie	พวกเขา (ทั้งหลาย)	sie	พวกเขา (ทั้งหลาย)	ihnen	พวกเขา (ทั้งหลาย)	ihrer	ของพวกเขา

Pronomen คำสรรพนาม คือ คำที่ใช้เรียก ชื่อ คน สัตว์ สิ่งของ ใช้แทนที่คำนามในประโยคและจำเป็นสำหรับ
การสื่อสารอย่างคล่องแคล่ว ในไวยากรณ์ภาษาเยอรมัน คำสรรพนามจะเปลี่ยนไปตามกรณี(หน้าที่) เพศ และตัวเลข
ประเภทของคำสรรพนาม

1. Personalpronomen ใช้เรียกคนหรือสิ่งของ

Ich bin zuverlässig.	ฉันเชื่อถือได้ , ฉันเป็นคนน่าเชื่อถือ
Du bist anpassungsfähig.	คุณเป็นคนปรับตัวได้ง่าย
Er ist flexibel.	เขาเป็นคนมีความยืดหยุ่น
<u>Sie</u> ist ordentlich.	<u>เธอ/หล่อน(ผู้หญิงคนเดียว)</u>เป็นคนเรียบร้อย
Es ist nützlich.	มันมีประโยชน์
Wir sind einzigartig.	พวกเราไม่เหมือนใคร, เป็นเอกลักษณ์
Ihr seid intelligent.	พวกเธอฉลาด
<u>Sie</u> sind kenntnisreich.	<u>พวกคุณ,คุณ</u>เป็นคนมีความรู้
<u>Sie</u> sind geduldig.	<u>พวกเขา</u>มีความอดทน.

2. คำสรรพนามแสดงความเป็นเจ้าของ (Possessivpronomen)

mein (ของฉัน), **dein** (ของคุณ), sein (ของเขา), ihr (ของเธอ), sein (ของมัน), unser (ของพวกเรา), euer
(ของพวกเธอ), ihr (ของพวกเขา), **Ihr** ของพวกคุณ, ของคุณ

3. คำสรรพนามสะท้อนกลับ (Reflexivpronomen)

mich, dich, sich, uns, euch, sich

4. คำสรรพนามสัมพัทธ์ (Relativpronomen)

der, die, das, welcher, welche, welches

5. คำสรรพนามคำถาม (Fragepronomen) ใช้ในคำถาม

wer (ใคร), **was** (อะไร), **wem** (ใคร), **wen** (ใคร), **wessen** (ของใคร)

6. คำสรรพนามสาธิต (Demonstrativpronomen) ใช้เพื่อเน้นย้ำ

dieser, jener, derjenige

7. คำสรรพนามที่ไม่ได้ชี้เฉพาะ (Unbestimmte Pronomen)

etwas บางสิ่ง/บางอย่าง/อะไรสักอย่าง, **nichts** ไม่มีอะไรเลย, **man** คน/คนหนึ่ง, **jemand** บางคน,
jeder ทุกคน

หลักการเรียนและทำความเข้าใจ กับภาษาเยอรมันในเบื้องต้น คือเรื่องการทำความเข้าใจ คำนำหน้านาม der, das ,die ใน **4 กรณี Nominativ Akkusativ Dativ** และ **Genitiv.**

1. Nominativ คือ คำนามที่ทำหน้าที่เป็นประธานของประโยค คือ ทำอะไร, อยู่ที่ไหน, ลักษณะอย่างไร, มีจำนวน เท่าไหร่

ผู้ชาย หรือ สามี Der Mann (ein Mann)

เด็ก หรือ ลูกDas Kind (ein Kind)

ผู้หญิง หรือ ภรรยา Die Frau (eine Frau)

ซึ่งทั้งสามตัว เป็นรูปเอกพจน์

และ เด็กๆ หรือ ลูกๆDie Kinder ซึ่งเป็นรูปพหุพจน์ คือมีมากกว่าหนึ่ง

2. Akkusativ คือ คำนาม ซึ่งทำหน้าที่เป็นกรรม หลักของประโยค คือเป็นผู้ถูกกระทำโดยตรง (เช่น ถูกมองเห็น ถูกถาม ..)

der จะถูกเปลี่ยนเป็น **den** ส่วน **ein** จะถูกเปลี่ยนเป็น **einen**

ในขณะ ที่ **das** กับ **die** จะไม่มีการเปลี่ยนแปลง

ยกตัวอย่างเช่น Ich sehe den Mann. หรือ Ich sehe einen Mann. (ฉันเห็นผู้ชายคนหนึ่ง)

3. Dativ คำนามที่ทำหน้าที่เป็นกรรมรอง คือ ไม่ถูกกระทำโดยตรงแต่ได้รับผลกระทบ

ตรงนี้ คำนำหน้านามจะเปลี่ยนรูป ทั้ง 4 ตัว คือ

Der และ **das** เปลี่ยนเป็น **dem** เช่น Ich helfe dem Mann. หรือ Ich helfe einem Mann. ฉันช่วยผู้ชายคนหนึ่ง

Ich helfe dem Kind. หรือ Ich helfe einem Kind.   (ฉันกำลังช่วยเด็กคนหนึ่ง)

die เปลี่ยนเป็น เป็น **der** (ในกรณี เอกพจน์) เช่น Ich helfe der Frau. หรือ Ich helfe einer Frau.

die เปลี่ยนเป็น **den** (ในกรณี พหุพจน์ และ หลังคำนาม จะเติม ตัว n เพิ่ม. Ich helfe den Kindern.

4. Genitiv คือการแสดงความเป็นเจ้าของ ในภาษาเยอรมัน จะมีการแสดงความเป็นเจ้าของ โดยการเติม s หลัง คำนาม หรือชื่อ คน ยกตัวอย่างเช่น Tims Auto. รถของทิม

Vaters Auto. รถของพ่อ

หรือ การใช้ Genitiv

โดย **der** กับ **das** จะเปลี่ยนเป็นคำว่า **des** และ คำนามที่ ตามหลังคำว่า des จะเติม es เป็นส่วนมาก

เช่น das Auto des Mannes. รถยนต์ของผู้ชายคนนึง

das Auto des Kindes. รถยนต์ของเด็กคนนึง

โดยจะมี <u>คำที่ลงท้ายด้วย en, el หรือ er จะเติม แค่ตัว s</u>

เช่น das Auto des Lehrers. รถยนต์ของคุณครู

ส่วน **die** จะเปลี่ยน เป็น **der**

เช่น das Auto der Frau. รถยนต์ของผู้หญิงคนนึง

ซึ่ง การเปลี่ยนรูป คำนำหน้านาม เหล่านี้ นำไปใช้กับ คำแสดงความเป็นเจ้าของ mein ของฉัน, dein ของคุณ, sein ของเขา, ihr ของพวกเขา หรือ ของเธอ , Ihr ของคุณ (สุภาพ) unser ของพวกเรา , eure ของพวกคุณ และ ใช้หลักการเปลี่ยนรูปเช่นเดียวกัน เมื่อทำหน้าที่ ต่างกัน เช่น

1. Da ist <u>mein</u> Mann. นี่คือ สามีของฉัน (**Nominativ**)

2. Ich sehe <u>meinen</u> Mann. ฉันมองเห็นสามีของฉัน. (**Akkusativ**)

3. Ich danke <u>meinem</u> Mann. ฉันขอบคุณสามีของฉัน. (**Dativ**)

4. Ich spiele mit <u>meinen</u> Kindern. ฉันเล่นกับลูกๆของฉัน (**Dativ**)

5. Das Auto <u>meines</u> Mann<u>es</u>. รถยนต์ของสามีฉัน (**Genitiv**)

อธิบายเพิ่มเติม เรื่อง **Deutsche Grammatik** ไวยากรณ์ภาษาเยอรมัน
และ **Pronomen** (คำสรรพนาม) ได้นะคะ สแกน **QR** โค้ด
เพื่อชมวีดีโอการสอน ของครูปู ได้เลยค่ะ

Nullartikel (คำนามที่ไม่จำเป็นต้องมี คำนำหน้า นาม)

คำนามที่ ไม่จำเป็นต้องมี คำนำหน้า นาม (Nullartikel) บางครั้งไม่จำเป็นต้องมีคำนำหน้านาม

โดยส่วนมากใช้กับ คำนามที่เป็น **Plural พหูพจน์/มีมากกว่า 1 อย่าง** ในประโยคทั่วไป หรือเมื่อพูดถึง**คำนาม**

นับไม่ได้ (das unzählbare Nomen) รวมถึง ภาษา สื่อ/วัสดุ/วัตถุดิบ กีฬา ประเทศ วัน วลีบุพบท ชื่อของวิชา

อาหารโดยทั่วไป วิธีการสื่อสาร คำอวยพรในวันหยุด(เทศกาล) กฎเกณฑ์ทั่วไป (คำกล่าวทั่วไป) ฯลฯ

Beispiel: ตัวอย่าง

1. คำนามที่เป็นรูป พหูพจน์ Plural ในประโยคทั่วๆไป

  Kinder lernen **schnell**. (เด็กๆเรียนรู้ได้เร็ว.)

2. คำนามนับที่ไม่ได้ (das unzählbare Nomen)

  Wasser ist **lebenswichtig**. (น้ำเป็นสิ่งจำเป็นสำหรับชีวิต)

  Zeit heilt alle **Wunden**. (กาลเวลา/เวลา จะรักษาบาดแผลทั้งหมด)

  Liebe ist ein starkes **Gefühl**. (ความรักเป็นความรู้สึกอันแข็งแกร่ง)

  Geld ist nicht alles im **Leben**. (เงินไม่ใช่ทุกอย่างในชีวิต)

3. Berufe oder Rollen อาชีพหรือบทบาท

  Ich bin **Lehrerin**. **Er** ist **Lehrer**.

  (**ฉันเป็นครู(ผู้หญิง)** (เขาเป็นครู(ผู้ชาย))

4. Abstrakte Ideen แนวคิดที่เป็นรูปนามธรรม

  Hoffnung gibt **Kraft**. (**ความหวังทำให้มีพลัง.**)

5. Namen der Mahlzeiten (ชื่อมื้ออาหาร)

  Wir essen **Frühstück** um acht Uhr. (เราทาน**อาหารเช้า**ตอนแปดโมง)

6. Naturphänomene (ปรากฏการณ์ธรรมชาติ)

  Regen fällt den **ganzen Tag**. (ฝนตก ตลอดทั้งวัน)

7. Mengenmaße (Kein Artikel mit **Plural**) **การวัดปริมาณ** (ไม่มีคำนำหน้านาม และเป็นรูป**พหูพจน์**)

  Fünf Kilo **Äpfel** <u>kosten</u> zwei Euro. (แอปเปิ้ลห้ากิโลกรัม<u>มีราคา</u>สองยูโร)

8. Namen von Festivals (ชื่อเทศกาล)

  Ostern ist ein <u>wichtiger</u> **Feiertag** in Deutschland. (อีสเตอร์เป็น**วันหยุด**<u>ที่สำคัญ</u>ในเยอรมนี)

Adjektiv / คำคุณศัพท์ ที่ทำหน้าที่ขยายคำนาม

Satzbau / โครงสร้างของประโยค

Subjekt + Verb sein (sind, bist, bin, ist, seid) + Adjektiv

Beispiel: Ich bin optimistisch.　　　ตัวอย่าง: ฉันเป็นคน มองโลกในแง่ดี

　　　　Ich bin glücklich.　　　　　ฉันเป็นคน มีความสุข

Persönlichkeitsadjektiv/ คำคุณศัพท์ที่บอกลักษณะบุคลิกภาพ

Ich bin **zuverlässig.**　　　　　ฉันเชื่อถือได้ , ฉันเป็นคน<u>น่าเชื่อถือ</u>

Du bist **anpassungsfähig.**　　　คุณเป็นคนปรับตัวได้ง่าย

Ihr seid <u>intelligent.</u>　　　　　พวกเธอ<u>ฉลาด</u>

Wir sind **<u>einzigartig</u>.**　　　　พวกเรา<u>**ไม่เหมือนใคร, เป็นเอกลักษณ์**</u>

<u>**Sie**</u> sind **kenntnisreich.**　　　<u>พวกคุณ,คุณ</u>**เป็นคนมีความรู้**

<u>**Sie**</u> sind **geduldig.**　　　　　<u>พวกเขา</u>**มีความอดทน.**

<u>**Sie**</u> ist **ordentlich.**　　　　　<u>เธอ/หล่อน</u>**เป็นคนเรียบร้อย**

Er ist **flexibel.**　　　　　　　เขาเป็นคนมีความยืดหยุ่น

Es ist **nützlich.**　　　　　　　มันมีประโยชน์

Du bist **aufrichtig.**/ คุณเป็นคนจริงใจ　　　　**Du** bist **kreativ.**/ คุณเป็นคนมีความคิดสร้างสรรค์

Du bist **geschickt.** /คุณเป็นคนคุณเก่ง, มีทักษะ **Du** bist **vernünftig.**/ คุณเป็นคนมีเหตุผล

Du bist **egoistisch.**/คุณเป็นคนเห็นแก่ตัว

Wir sind **realistisch.**/　　　พวกเราอยู่ในโลกของความเป็นจริง,พวกเรามองโลกในความเป็นจริง

Du bist **süß**./ คุณน่ารัก　　　**Du** bist **ungeduldig.**/คุณเป็นคนใจร้อน,ไม่มีความอดทน

Du bist **snobistisch.**/ คุณเป็นคนเย่อหยิ่ง　　**Es** ist **wertvoll.**/ มันมีค่า

Du bist **fleißig.**/ คุณเป็นคนขยัน　　　　**Du** bist **egozentrisch.**/คุณเป็นคนเอาแต่ใจตัวเอง

Ich bin **sensibel.**/ ฉันเป็นคนมีอารมณ์อ่อนไหวง่าย **Ich** bin **romantisch.**/ ฉันเป็นคนโรแมนติก

Ich bin **großzügig.**/ ฉันเป็นคนใจกว้าง　　**Ich** bin **freundlich.** /ฉันเป็นมิตร

Du bist **herrisch.**/ คุณเป็นคนเจ้ากี้เจ้าการ , ทำตัวเป็นหัวหน้า**Du** bist **ehrlich.**/ คุณเป็นคนซื่อสัตย์

Gegenteil Adjektiv　　คำขยายคำนาม ที่มีความหมายตรงกันข้ามกัน ที่เราเจอบ่อยๆ

ปกติ ขยายคำนามเวลาทำให้มีความหมายตรงกันข้าม สามารถเติมได้ โดยการเติม คำว่า un (ซึ่งแปลว่าไม่เข้าไป)

ได้ ในหลายๆคำ ยกตัวอย่างเช่น bekannt มีชื่อเสียง เป็นที่รู้จัก, **un**bekannt ไม่มีช่อเสียง ไม่เป็นที่รู้จัก

möglich เป็นไปได้, **un**möglich เป็นไปไม่ได้ / klar ใส ชัด, **un**klar ไม่ชัด ขุ่น

glücklich อย่างมีความสุข, **un**glücklich อย่างไม่มีความสุข ส่วนคำอื่นๆ จะยกตัวอย่างไว้ในตาราง นะคะ

ตัวอย่างประโยค

1. **Er** ist glücklich. **เขา**มีความสุข
2. Er ist unglücklich. เขาไม่มีความสุข
3. **Sie** sind reich. **พวกเขา**รวย
4. Sie sind **arm**. พวกเขา**จน**
5. **Ihr** seid dick. **พวกคุณ/พวกเธอ**อ้วน
6. Ihr seid **dünn**. พวกคุณ**ผอม**
7. **Du** bist hungrig. **คุณ**หิว
8. Ich bin **satt**. ฉัน**อิ่ม**
9. **Wir** sind alt. **พวกเรา**แก่
10. Wir sind jung. พวกเรา**เด็ก(หนุ่ม)**
11. **Das Auto** <u>ist</u> klein. รถยนต์ **(คันเดียว)**คันเล็ก
12. **Das Haus** <u>ist</u> groß. บ้าน**(หลังเดียว)**ใหญ่
13. **Die Autos** <u>sind</u> klein. รถยนต์ (**หลายคัน**)คันเล็ก
14. **Die Häuser** <u>sind</u> groß. บ้าน(**หลายหลัง**)ใหญ่
15. **Er** ist romantisch. **เขา**โรแมนติก.
16. **Er** ist unromantisch. **เขา**ไม่โรแมนติก.

Gegenteil Adjektiv คำคุณศัพท์ตรงข้าม

Deutsch- Thai	
arbeitslos ว่างงาน	beschäftigt ,angestellt, berufstätig (มีงานทำ /ไม่ตกงาน)
alt เก่า โบราณ (แฟชั่น)	modern ทันสมัย
alt เก่า	neu ใหม่
alt แก่	jung หนุ่มสาว
arm จน ขาดแคลน	reich รวย พอเพียง
belebt มีชีวิต คลื่นไหว	öde ไร้ชีวิตชีวา ตาย แห้งเหี่ยว
billig ถูก	teuer แพง
beschäftigt ยุ่ง	frei ว่าง
böse, schlecht ไม่ดี ชั่วร้าย	gut ดี
breit กว้าง	schmal แคบ (ใช้กับถนน)
dick อ้วน ใหญ่	dünn, mager, schlank ผอม
dumm โง่	klug, gescheit ฉลาด
dunkel มืด	hell สว่าง
eckig เป็นมุม เป็นเหลี่ยม	rund กลมๆ ไม่มีมุม
einfach ง่าย	schwierig ยาก
eng ใกล้ แคบ คับ(เสื้อผ้า)	weit ไกล กว้าง หลวม
ernst จริงจัง เครียด	spaßig เล่นๆ สนุกสนาน
faul ขี้เกียจ	geschäftig ขยัน ยุ่ง
fleißig ขยัน	träge, faul ขี้เกียจ
freudig, fröhlich มีความสุข	traurig เศร้า
freigebig ใจบุญ ใจกว้าง	geizig ขี้เหนียว
freundlich เป็นมิตร	unfreundlich ไม่เป็นมิตร

hart แข็ง	weich อ่อน
heiß ร้อน	kalt เย็น หนาว
freundlich เป็นมิตร	unfreundlich ไม่เป็นมิตร
hässlich น่าเกลียด ขี้เหร่	schön สวย
hoch สูง	tief ต่ำ
hungrig หิว	satt อิ่ม
gesund สุขภาพดี แข็งแรง	krank ป่วย
glatt ราบเรียบ ลื่น	rau หยาบ ขรุขระ
klein เล็ก	groß ใหญ่
kräftig แข็ง มีพลัง เหนียว (อาหาร)	zart นุ่ม อ่อนโยน บอบบาง
kurz สั้น	lang ยาว
langweilig น่าเบื่อ	lustig สนุกสนาน interessant น่าสนใจ
langsam ช้า	schnell เร็ว
leicht เบา	schwer หนัก
laut เสียงดัง	ruhig, leise เงียบ
leer หมด ว่างเปล่า	voll เต็ม
mutig กล้าหาญ	feige ขี้ขลาด
nackt เปลือย	bekleidet สวมเสื้อผ้า
nah ใกล้	entfernt, fern ไกล ห่าง
nass เปียก	trocken แห้ง
optimistisch มองโลกในแง่ดี	pessimistisch มองโลกในแง่ร้าย
richtig ถูก	falsch ผิด
romantisch โรแมนติก	unromantisch ไม่โรแมนติก
schwarz สีดำ	weiß สีขาว
schwach อ่อนแอ	stark เข้มแข็ง
sympathisch เป็นที่รัก จิตใจดี น่ารัก	verhasst แย่ น่ารังเกลียด น่าขยะแขยง
sauber สะอาด	schmutzig สกปรก
sauer เปรี้ยว	süß หวาน
stressig เครียด	stressfrei ไม่เครียด
tief ลึก	flach เรียบ , ตื้น

Deutsch Sätze bilden (การเขียน, การสร้างประโยคภาษาเยอรมัน)

วิธีการเขียนประโยคในภาษาเยอรมัน เบื้องต้น

(ประโยคความเดียว หรือ ประโยคเดี่ยว)

โครงสร้างของประโยค

ประธาน + คำกริยา + กรรมของประโยค (ผู้ถูกกระทำ หรือได้ รับผลกระทบจาก กริยานั้น)

PS: คำกริยาบางคำไม่ต้องมีกรรม ในประโยค

เช่น Ich **schlafe**. ฉัน**นอน**   Wir **schlafen**. พวกเรา**นอน**

ประธาน มี 2 ประเภทใหญ่ๆ

1. Nomen คำนาม (คน สัตว์ สิ่งของ) ซึ่งจะแบ่งเป็น

1.1. Singular เอกพจน์ คือ คนเดียว มีสิ่งเดียว ตัวเดียว ชิ้นเดียว

เช่น Der Mann ผู้ชายคนเดียว, Die Frau ผู้หญิงคนเดียว , Das Kind เด็กคนเดียวetc.

1.2 Plural พหุพจน์ คือ มีมากกว่า หนึ่ง เช่น ผู้ชายหลายคน Die Männer, ผู้หญิงหลายคน Die Frauen,

เด็กหลายคน Die Kinder etc.

2. Pronomen คำสรรพนาม (คำที่ใช้เรียกแทน คนสัตว์ สิ่งของ) ซึ่ง ที่เราจะต้อง จำหลัก และ ทำความเข้าใจ คือ

Ich ฉัน , du คุณ (แบบไม่เป็นทางการ) , er เขา, sie หล่อนคนเดียว, sie พวกเขา, wir พวกเรา, ihr พวกคุณ (แบบไม่เป็นทางการ) และ Sie (พวกคุณอย่างเป็นทางการ)

คำกริยา Verb มี 3 กลุ่ม ใหญ่ๆ คือ

1. Verb ทั่วไป

คำกริยา ในภาษาเยอรมัน จะมีการ ผันรูป ตาม ประธาน ของประโยค

โดยภาพรวม สิ่งที่ควรจำหลัก ในการเปลี่ยนรูป สำหรับ

1.1 Regular Verb หรือ คำกริยาปกติ ดังนี้

ยกตัวอย่าง คำว่า machen, wohnen, fragen, träumen etc.

1.1.1. Ich ตัด ตัว n ในคำกริยาออกไป เช่น

Ich mache Kaffee für dich. ฉันทำกาแฟให้คุณ

1.1.2. Du ตัด ตัว **en** ในคำกริยาออกไป แล้วเติม **st** เช่น

Du machst Kaffee für mich. คุณทำกาแฟให้ฉัน

1.1.3. Er/ sie (หล่อนคนเดียว) / Es ตัด ตัว **en** ในคำกริยาออกไป แล้วเติม **t** เช่น

Er macht Kaffee für mich. เขาทำกาแฟให้ฉัน

Sie macht Kaffee für mich. หล่อนทำกาแฟให้ฉัน

1.1.4.Sie/ Wir / sie (ที่แปลว่า พวกเขา) คือ ประธานเป็น พหุพจน์ และ คุณ หรือ พวกคุณเป็นคำสุภาพ (Sie) กริยาจะไม่มีการเปลี่ยนแปลง หรือ เราเรียกว่า Infinitiv (คำกริยาช่อง 1)

Wir machen Kaffee für dich. พวกเราทำกาแฟให้คุณ

Sie machen Kaffee für dich. พวกเขาทำกาแฟให้คุณ

1.1.5. Ihr (พวกเธอ) จะตัด ตัว **en** ในคำกริยาออกไป แล้วเติม **t** <u>หรือ</u> จะตัด ตัว **n** ในคำกริยาออกไป แล้ว เติม **t**

Ihr macht Kaffee für mich. พวกเธอทำกาแฟ ให้ฉัน/ Ihr wartet auf mich. พวกเธอรอฉัน

1.2. Irregular Verb คำกริยา ไม่ปกติ หรือ คำกริยาพิเศษ ที่เราต้องศึกษาเพิ่ม และ อาศัยหลักการจำ เพราะมีการเปลี่ยนแปลงรูป ที่ไม่ ตามกฏ คำ กริยา ปกติ

คำกริยาเหล่านั้น เช่น fahren ขับรถ, geben ให้ , lesen อ่าน และ อื่นๆ etc. เช่น

Du fährst mit dem Auto. คุณขับรถยนต์   Du liest ein Buch. คุณอ่านหนังสือเล่มหนึ่ง

Du gibst mir ein Buch. คุณให้ หนังสือฉันหนึ่งเล่ม

2. Verb sein (ซึ่งก็เหมือน verb to be ในภาษาอังกฤษ)

ซึ่ง จะมีความหมาย ว่า เป็น อยู่ คือ หรือ เมื่อ อยู่หน้า คำ Adjektiv จะทำหน้าที่ บอกลักษณะคำนาม เช่น

Ich bin zu Hause. **ฉัน**อยู่บ้าน

Wir sind zu Hause. **พวกเรา**อยู่บ้าน

Sie sind zu Hause. **พวกเขา อยู่บ้าน**

Sie sind zu Hause. **พวกคุณ, คุณ**(สุภาพ) อยู่บ้าน

Du bist zu Hause. **คุณ**อยู่บ้าน

Er ist zu Hause. **เขา**อยู่บ้าน

Sie ist zu Hause. **หล่อน** อยู่บ้าน

Es ist zu Hause. **มัน**อยู่บ้าน (ใช้เป็นสรรพนาม แทนคำนามที่มีคำนำหน้าคำนาม เป็น das เช่น das Mädchen)

Ihr seid zu Hause. **พวกคุณ/ พวกเธอ**(ไม่เป็นทางการ) อยู่บ้าน

2.1. Verb haben (ซึ่งก็เหมือน verb to have ในภาษาอังกฤษ)

ซึ่ง ถ้าใช้เป็นรูปกริยาแท้จะแปลว่า มี เช่น

Ich habe ein Haus. **ฉัน มี**บ้าน หนึ่ง หลัง

Wir haben ein Haus. **พวกเรา มี**บ้าน หนึ่ง หลัง

Sie haben ein Haus.. **พวกเขา มี**บ้าน หนึ่ง หลัง

Sie haben ein Haus. **พวกคุณ, คุณ**(สุภาพ) **มี**บ้าน หนึ่ง หลัง

Du hast ein Haus. **คุณ มี**บ้าน หนึ่ง หลัง

Er hat ein Haus. **เขามี**บ้าน หนึ่ง หลัง

Sie hat ein Haus. **หล่อน มี**บ้าน หนึ่ง หลัง

Es hat ein Haus. **มันมี**บ้าน หนึ่ง หลัง

(ใช้เป็นสรรพนาม แทนคำนามที่มีคำนำหน้าคำนาม เป็น das เช่น das Mädchen)

Ihr habt ein Haus. **พวกคุณ/ พวกเธอ**(ไม่เป็นทางการ) **มี**บ้าน หนึ่ง หลัง

2. Modal Verb หรือ คำกริยาช่วย

โครงสร้างของประโยค

ประธาน + modal verb (กริยาช่วย) + Infinitiv กริยาช่องที่ 1

Modal Verben หรือ กริยา ช่วย เช่น **müssen** จะต้อง, **sollen** ควรจะ, **möchten, wollen** ต้องการจะ, **mögen**ชอบ ชอบที่จะทำ , **können** สามารถ, **werden** จะ **dürfen**อนุญาต รวมถึง **würden** จะ , könnten สามารถคำกริยาช่วย จะวางไว้ ตำแหน่งที่ สอง ของประโยค และจะเป็นผลให้ คำกริยาช่องที่ 1 ต้องย้ายไปวางไว้ ท้ายสุด ของประโยคเสมอ

6.1. Ich **muss** Som Tam **machen**. ฉันจะต้องทำ ส้มตำ

6.1.1.Wir **müssen** Som Tam **machen**. พวกเราจะต้องทำ ส้มตำ

6.2. Ich **kann** Som Tam **machen**. ฉันสามารถทำ ส้มตำ

6.3. Ich **will** Som Tam **machen**. ฉันต้องการ (อย่างมาก)จะทำ ส้มตำ

6.4. Ich **möchte** Som Tam **machen**. ฉันต้องการ (อยากจะ) ทำ ส้มตำ

6.4.1. Ich **mag** Som Tam. ฉันชอบ ส้มตำ

6.4.2. Wir **mögen** Som Tam **machen**. พวกเราอยากจะทำ ส้มตำ

6.4.3. Wir **mögen** Som Tam. พวกเราชอบ ส้มตำ

(mögen จะใช้ ในความหมายหลักๆ ได้ สองความหมาย

1. mögen แปลว่าชอบ โครงสร้าง จะเป็น ประธาน + mörgen, mag + คำนาม สิ่งที่เราชอบ

เช่น Ich mag Pizza ฉันชอบพิซซ่า   Wir mögen Pizza. พวกเราชอบพิซซ่า

2. mögen แปลว่า อยากจะ (เป็นความปรารถนา ที่อยากทำอะไร , ชอบทำอะไร) โครงสร้าง จะเป็น ประธาน + mögen + คำกริยาช่อง 1 เหมือน Modal verb ตัวอื่นๆ

เช่น Wir **mögen** Schnitzel **essen**. พวกเราอยากทาน Schnitzel

Ich möchte Schnitzel essen. ฉันอยากทาน Schnitzel

6.5. Ich **soll** Som Tam **machen**. ฉันควรจะทำ ส้มตำ

6.6. Ich **darf** Som Tam **machen**. ฉันได้รับอนุญาตให้ทำ ส้มตำ

6.7 Ich **würde** Som Tam **machen**. ฉันอยากทำ ส้มตำ

(พูดแบบสุภาพ)

PS: **Heute** möchte ich Som Tam machen. วันนี้ฉันอยากจะทำ ส้มตำ

Jetzt soll ich Som Tam machen. ตอนนี้ฉันควรจะทำ ส้มตำ

คำกริยาช่วย 4 คำนี้ ที่เราควรทราบ นะคะ

müssen จะต้อง, ต้อง

Pronomen (คำสรรพนาม)	Deutsch (ภาษาเยอรมัน)	Thai (ภาษาไทย)
Ich	Ich **muss** zum Arzt gehen.	ฉันจะต้องไปหาหมอ
Du	Du **musst** zum Arzt gehen.	คุณจะต้องไปหาหมอ
Sie	Sie **muss** zum Arzt gehen.	หล่อนจะต้องไปหาหมอ
Er	Er **muss** zum Arzt gehen.	เขาจะต้องไปหาหมอ
Es	Es **muss** zum Arzt gehen.	มันจะต้องไปหาหมอ
Ihr	Ihr **müsst** zum Arzt gehen.	พวกเธอจะต้องไปหาหมอ
Wir	Wir **müssen** zum Arzt gehen.	พวกเราจะต้องไปหาหมอ
Sie	Sie **müssen** zum Arzt gehen.	พวกเขาจะต้องไปหาหมอ
Sie	Sie **müssen** zum Arzt gehen.	คุณ, พวกคุณจะต้องไปหาหมอ

möchten ต้องการจะ, ต้องการ

Pronomen	Deutsch	Thai
Ich	Ich **möchte** ein Buch kaufen.	ฉันต้องการซื้อหนังสือ (1 เล่ม)
Du	Du **möchtest** ein Buch kaufen.	คุณต้องการซื้อหนังสือ
Sie	Sie **möchte** ein Buch kaufen.	หล่อนต้องการซื้อหนังสือ
Er	Er **möchte** ein Buch kaufen.	เขาต้องการซื้อหนังสือ
Es	Es **möchte** ein Buch kaufen.	มันต้องการซื้อหนังสือ
Ihr	Ihr **möchtet** ein Buch kaufen.	พวกเธอต้องการซื้อหนังสือ
Wir	Wir **möchten** ein Buch kaufen.	พวกเราต้องการซื้อหนังสือ
Sie	Sie **möchten** ein Buch kaufen.	พวกเขาต้องการซื้อหนังสือ
Sie	Sie **möchten** ein Buch kaufen.	คุณ, พวกคุณต้องการซื้อหนังสือ

können สามารถ

Pronomen (คำสรรพนาม)	Deutsch (ภาษาเยอรมัน)	Thai (ภาษาไทย)
Ich	Ich **kann** schwimmen.	ฉันสามารถว่ายน้ำได้
Du	Du **kannst** schwimmen.	คุณสามารถว่ายน้ำได้
Sie	Sie **kann** schwimmen.	หล่อนสามารถว่ายน้ำได้
Er	Er **kann** schwimmen.	เขาสามารถว่ายน้ำได้
Es	Es **kann** schwimmen.	มันสามารถว่ายน้ำได้
Ihr	Ihr **könnt** schwimmen.	พวกเธอสามารถว่ายน้ำได้
Wir	Wir **können** schwimmen.	พวกเราสามารถว่ายน้ำได้
Sie	Sie **können** schwimmen.	พวกเขาสามารถว่ายน้ำได้
Sie	Sie **können** schwimmen.	คุณ, พวกคุณสามารถว่ายน้ำได้

sollen ควรจะ, ควร

Pronomen (คำสรรพนาม)	Deutsch (ภาษาเยอรมัน)	Thai (ภาษาไทย)
Ich	Ich **soll** Deutsch lernen.	ฉันควรจะเรียนภาษาเยอรมัน
Du	Du **sollst** Deutsch lernen.	คุณควรจะเรียนภาษาเยอรมัน
Sie	Sie **soll** Deutsch lernen.	หล่อนควรจะเรียนภาษาเยอรมัน
Er	Er **soll** Deutsch lernen.	เขาควรจะเรียนภาษาเยอรมัน
Es	Es **soll** Deutsch lernen.	มันควรจะเรียนภาษาเยอรมัน
Ihr	Ihr **sollt** Deutsch lernen.	พวกเธอควรจะเรียนภาษาเยอรมัน
Wir	Wir **sollen** Deutsch lernen.	พวกเราควรจะเรียนภาษาเยอรมัน
Sie	Sie **sollen** Deutsch lernen.	พวกเขาควรจะเรียนภาษาเยอรมัน
Sie	Sie **sollen** Deutsch lernen.	คุณ, พวกคุณควรจะเรียนภาษาเยอรมัน

Adjektivdeklination
การเปลี่ยนรูป หรือผันรูป คำคุณศัพท์ (คำที่ขยายลักษณะคำนาม)

หลักการเปลี่ยนรูป คำ Adjektiv หรือ คำที่ขยายคำนาม เช่น สี , ขนาด (ใหญ่ เล็ก), สวย, ดี อื่นๆ

ปกติ ถ้า คำ Adjektiv เหล่านี้ อยู่หลัง sein (ist, sind, seid) แปลว่า เป็น หรือมีลักษณะ หรือ หลังคำว่า werden ซึ่งมีความหมาย ว่ากลายเป็น คำ Adjektiv เหล่านี้ จะคงรูป ไม่มีการเปลี่ยนแปลง

เช่น Das Wetter wird schön. อากาศเปลี่ยนเป็น อากาศดี หรือกลายเป็น

Die Frau ist schön. ผู้หญิงสวย (ผู้หญิงเป็นคนสวย)

แต่ ในขณะที่ ถ้าคำ Adjektiv มาขยายคำนาม แล้ววางไว้ หน้าคำนาม จะมีการเปลี่ยนแปลง รูป ตามหน้าที่ ของคำนำหน้านาม ในประโยค คือ Nominativ, Akkusativ, Dativ และ Genitiv นั่นเอง

โดย มีหลัก คร่าวๆ ดังนี้ นะคะ ซึ่งยกตัวอย่างไว้ ในตาราง โดยยกตัวอย่าง คำว่า สวย schön และ ดี gut

1. กลุ่ม ที่ ขยายคำนาม ที่ มี Artikel ชี้เฉพาะ คือ der ,das ,die ยกตัวอย่าง der Stuhl.

Da ist der schöne Stuhl. (Nominativ)

Ich habe den schönen Stuhl. (Akkusativ)

Ich sitze auf dem schönen Stuhl. (Dativ)

Des schönen Stuhles. (Genitiv)

2. กลุ่มที่ ขยายคำนาม ที่ มี Artikel แบบไม่ชี้เฉพาะ คือ ein, eine ยกตัวอย่าง ein Auto

Da ist ein gutes Auto. (Nominativ)

Ich habe ein gutes Auto. (Akkusativ)

Ich fahre mit einem guten Auto. (Dativ)

Eines guten Autos. (Genitiv)

3. กลุ่ม ที่ ไม่มี Artikel. นำหน้า ซึ่งส่วนมากใช้ เป็น Nominativ เยอะกว่า คือเป็นประธานของ ประโยค

เช่น der Wein ไวน์ die Frau ผู้หญิง das Gericht (อาหาร)

Deutscher Wein ist nicht teuer. ไวน์เยอรมันไม่แพง

Thailändische Frauen sind schön. ผู้หญิงไทยสวย

Thailändisches Gericht ist lecker. อาหารไทยอร่อย

(สังเกตุ คำ Adjektiv คือ deutsch และ thailändisch จะเปลี่ยนตาม คำนาม)

ยกตัวอย่าง ประโยค ที่เราใช้ ประจำ

Der Tag = วัน

Ich wünsche dir **einen schönen** Tag.　　　　(ฉันขอให้คุณมีวันที่สวยงาม (มีความสุข)ในวันนี้)

Das Wochenende = วันหยุดสุดสัปดาห์

Ich wünsche dir **ein schönes** Wochenende.　　(ฉันขอให้คุณมีวันหยุดสุดสัปดาห์ที่ดี)

Die Nacht= กลางคืน

Ich wünsche dir **eine gute** Nacht.　　　　(ฉันขอให้มีกลางคืนที่ดี ซึ่งหมายถึง (ขอให้นอนหลับฝันดี)

ซึ่งจะมี ตัวอย่างเปรียบเทียบในตารางในหน้าที่ 197 และเมื่อเรา สามารถจำหลักพื้นฐานตัวนี้ แล้ว เราจะสามารถเข้าใจ การเปลี่ยนรูป คำ **Adjective** ได้ดีขึ้นค่ะ

1.Der, Die, Das	Nominativ ประธาน Da ist der schöne Stuhl.	Akkusativ กรรมหลัก Ich habe einen schönen Stuhl.	Dativ กรรมรอง Ich sitze auf dem schönen Stuhl	Genitiv แสดงความเป็นเจ้าของ Meines schönen Stuhles	Thai
Der Stuhl	Der schöne Stuhl	Den schönen Stuhl	Dem schönen Stuhl	Des neuen Stuhles	เก้าอี้หนึ่งตัวสวย
Das Sofa	Das schöne Sofa	Das schöne Sofa	Dem schönen Sofa	Des neuen Sofas	โซฟาหนึ่งตัวสวย
Die Couch	Die schöne Couch	Die schöne Couch	Der schönen Couch	Der schönen Couch	โซฟาหนึ่งตัวสวย
Die Stühle (Plu)	Die schönen Stühle	Die schönen Stühle	Den schönen Stühlen	Der neuen Stühle	เก้าอี้หลายตัวสวย
2. Ein, Eine					
Ein Stuhl	Ein schöner Stuhl	Einen schönen Stuhl	Einem schönen Stuhl	Eines schönen Stuhles	
Ein Sofa	Ein schönes Sofa	Ein schönes Sofa	Einem schönen Sofa	Eines schönen Sofas	
Eine Couch	Eine schöne Couch	Eine schöne Couch	Einer schönen Couch	Einer schönen Couch	
Stühle	schöne Stühle	schöne Stühle	schönen Stühlen	schöner Stühle	
3.Ohne Artikel					
Stuhl	schöner Stuhl	schönen Stuhl	schönem Stuhl	schönen Stuhles	
Sofa	schönes Sofa	schönes Sofa	schönem Sofa	schönen Sofas	
Couch	schöne Couch	schöne Couch	schöner Couch	schöner Couch	
Stühle (Plu)	schöne Stühle	schöne Stühle	schönen Stühlen	schöner Stühle	
Ein Tag	Ein guter Tag	Einen guten Tag	Einem guten Tag	Eines guten Tages	วันดีๆวันหนึ่ง
Ein Wochenende	Ein gutes Wochenende	Ein gutes Wochenende	Einem guten Wochenende	Eines guten Wochenendes	วันหยุดสุดสัปดาห์ดีๆ
Eine Nacht	Eine gute Nacht	Eine gute Nacht.	Einer guten Nacht	Einer guten Nacht	คืนดีๆคืนหนึ่ง
Tage (Plu)	gute Tage	gute Tage.	guten Tagen	guter Tage	วันดีๆหลายวัน

Adjektiv / คำคุณศัพท์ ที่ทำหน้าที่ขยายคำนาม

Satzbau / โครงสร้างของประโยค

Subjekt + **Verb sein (sind, bist, bin, ist, seid)** + **Adjektiv**

Beispiel: Ich bin optimistisch. ตัวอย่าง: ฉันเป็นคน มองโลกในแง่ดี

Ich bin glücklich. ฉันเป็นคน มีความสุข

Du bist **süß**./ คุณน่ารัก Du bist **ungeduldig**./คุณเป็นคนใจร้อน,ไม่มีความอดทน

Du bist **snobistisch.**/ คุณเป็นคนเย่อหยิ่ง Es ist **wertvoll**./ มันมีค่า

Du bist **fleißig.**/ คุณเป็นคนขยัน Du bist **egozentrisch.**/คุณเป็นคนเอาแต่ใจตัวเอง

Ich bin **sensibel**./ ฉันเป็นคนมีอารมณ์อ่อนไหวง่ายIch bin **romantisch.**/ ฉันเป็นคนโรแมนติก

Ich bin **großzügig**./ ฉันเป็นคนใจกว้าง Ich bin **freundlich**. /ฉันเป็นมิตร

Du bist **herrisch**./ คุณเป็นคนเจ้ากี้เจ้าการ , ทำตัวเป็นหัวหน้าDu bist **ehrlich**./ คุณเป็นคนซื่อสัตย์

Gegenteil Adjektiv คำขยายคำนาม ที่มีความหมายตรงกันข้ามกัน ที่เราเจอบ่อยๆ

ปกติ ขยายคำนามเวลาทำให้มีความหมายตรงกันข้าม สามารถเติมได้ โดยการเติม คำว่า un (ซึ่งแปลว่าไม่เข้าไป)

ได้ ในหลายๆคำ ยกตัวอย่างเช่น bekannt มีชื่อเสียง เป็นที่รู้จัก, **un**bekannt ไม่มีช่อเสียง ไม่เป็นที่รู้จัก

möglich เป็นไปได้, **un**möglich เป็นไปไม่ได้ / klar ใส ชัด, **un**klar ไม่ชัด ขุ่น

glücklich อย่างมีความสุข, **un**glücklich อย่างไม่มีความสุข ส่วนคำอื่นๆ จะยกตัวอย่างไว้ในตาราง นะคะ

ตัวอย่างประโยค

1. **Er** ist glücklich. **เขา**มีความสุข
2. Er ist unglücklich. เขาไม่มีความสุข
3. **Sie** sind reich. **พวกเขา**รวย
4. Sie sind **arm**. พวกเขา**จน**
5. **Ihr** seid dick. **พวกคุณ/พวกเธอ**อ้วน
6. Ihr seid **dünn**. พวกคุณ**ผอม**
7. **Du** bist hungrig. **คุณ**หิว
8. Ich bin **satt**. ฉัน**อิ่ม**
9. **Wir** sind alt. **พวกเรา**แก่
10. Wir sind jung. พวกเรา**เด็ก(หนุ่ม)**
11. **Das Auto** <u>ist</u> klein. รถยนต์ **(คันเดียว)**คันเล็ก
12. **Das Haus** <u>ist</u> groß. บ้าน**(หลังเดียว)**ใหญ่
13. **Die Autos** <u>sind</u> klein. รถยนต์ (**หลายคัน**)คันเล็ก
14. **Die Häuser** <u>sind</u> groß. บ้าน(**หลายหลัง**)ใหญ่
15. **Er** ist romantisch. **เขา**โรแมนติก.
16. **Er** ist unromantisch. **เขา**ไม่โรแมนติก.

Konjunktion (คำเชื่อม ประโยค ที่ในประโยคมีความหมาย หลักๆ 2 อย่างขึ้นไป)

Zwei Gruppen von Konjunktionen auf Deutsch

(คำเชื่อมประโยค ในภาษาเยอรมันจะแบ่ง เป็น 2 กลุ่ม ใหญ่ ดังนี้)

กลุ่มที่ 1. คำเชื่อม ที่ไม่มีผลกระทบต่อ การจัดเรียงลำดับคำในประโยค คือ เมื่อใช้แล้ว รูปของประโยค โครงสร้างของประโยคจะไม่มีการเปลี่ยนแปลงนั่นเอง (โดยสังเกตุได้ว่า คำกริยาของประโยคจะยังอยู่ในลำดับที่ 2 เหมือนปกติ คำเหล่านั้นได้แก่

und และ, **aber** แต่, **oder** หรือ, **denn** เพราะว่า, **sondern** แต่ (มีหลักการใช้ต่างกันกับ **aber)**

z.B :ยกตัวอย่าง ประโยค มี 2 ประโยค หลัก และยกตัวอย่างคำเชื่อม คือ **denn** (เพราะว่า)

1. Ich esse kein Fleisch. ฉันไม่ทานเนื้อสัตว์

2. Ich bin Vergetarier. ฉันเป็นพวกมังสวิรัติ

พอใช้ตัวเชื่อม **denn** ก็จะเขียนรวมประโยค 2 ประโยคเป็นประโยคเดียว ได้ว่า

1.2 Ich esse kein Fleisch,denn ich bin Vegetarier. (ฉันไม่ทานเนื้อสัตว์เพราะว่าฉันเป็นมังสวิรัติ)

กลุ่มที่ 2. คำเชื่อมที่มีผล ต่อการเปลี่ยนแปลงโครงสร้างของประโยค ซึ่งจะมีคำเชื่อมเหล่านี้

weil เพราะว่า, **bevor** ก่อน , **bis** จนกระทั่ง, **da** เนื่องจากว่า, เพราะว่า, **damit** ดังนั้น , ว่า, เพื่อที่จะ, เพื่อ, **dass** นั้น , ว่าอย่างนั้น

nachdem หลังจาก, **ob** หรือไม่ ,**obwohl** ถึงแม้ว่า..ก็ตาม, **sobald** ทันทีทันใด, โดยเร็วที่สุด, **seit dem** ตั้งแต่ , **während** ในขณะที่

wenn เมื่อ, เมื่อไหร่ที่ (ใช้ในรูป กาลปัจจุบัน หรือ **Präsent**รวมทั้ง กล่าวถึงสิ่งที่เกิดขึ้นซ้ำ จากอดีต) และ แปลว่า ถ้า เมื่อ ใช้ในประโยค แบบมีเงื่อนไข หรือ การคาดการณ์

ซึ่งคำเชื่อมเหล่านี้ จะส่งผลให้ คำกริยาใน ประโยคที่ 2 ย้ายไปอยู่ท้ายประโยค ทันที

z.B. จะยกตัวอย่าง คำว่า **weil** (เพราะว่า) ซึ่งมีความหมาย เหมือนกันกับ **denn** แต่ใช้แล้ว จะเปลี่ยนโครงสร้าง ประโยคทันที

จาก 2 ประโยคเดียวกัน คือ

1. Ich esse kein Fleisch. ฉันไม่ทานเนื้อสัตว์

2. Ich bin Vegetarier. ฉันเป็นพวกมังสวิรัติ

พอเขียนด้วย คำเชื่อม **weil** เพราะว่า จะได้ ประโยค ว่า

1.2 Ich esse kein Fleisch, weil ich Vegetarier bin. (ฉันไม่ทานเนื้อสัตว์เพราะว่าฉันเป็นมังสวิรัติ)

มาดูตัวอย่าง จากคำเชื่อมหลักๆ ทั้งสองกลุ่ม ที่เราควรรู้จักและใช้ ให้ถูกต้อง นะคะ

กลุ่มที่ 1.

1.1. Ich bin alt und ich bin dick. (ฉันแก่และฉันอ้วน)

1.2. Ich bin alt, aber ich bin schön. (ฉันแก่แต่ฉันสวย)

1.3. Ich bin alt oder ich bin jung. (ฉันแก่หรือฉันยังสาวอยู่)

1.4. Ich bin dick, denn ich esse zu viel. (ฉันอ้วนเพราะว่าฉันทานอาหารมากเกินไป)

1.5. Ubon Ratchathani liegt nicht im Süden, sondern Ubon Ratchathani liegt im Nordosten. (จังหวัดอุบลราชธานีไม่ได้ อยู่ภาคใต้แต่อยู่ในภาคตะวันออกเฉียงเหนือ)

หรือ เขียนสั้นๆว่า **Ubon Ratchathani liegt nicht im Süden, sondern im Nordosten.**
(จังหวัดอุบลราชธานีไม่ได้ อยู่ภาคใต้แต่อยู่ในภาคตะวันออกเฉียงเหนือ) คำว่า, **sondern** (แต่) การใช้จะ
พิเศษกว่าคำอื่นๆ อยู่ตรงที่ประโยค **2** ประโยค จะมีความหมายตรงกันข้าม กัน

และประโยคแรก ต้องเป็นประโยคปฏิเสธ คือ มีคำว่า **nicht** หรือ **kein** เสมอ

หากไม่มีคำว่า **kein** หรือ **nicht** แต่ประโยคมีความหมายในเชิงปฏิเสธ หรือ มีคำว่า **kaum** มีความหมายว่า
แทบจะไม่ ก็จะสามารถใช้ ตัวเชื่อม **sondern** ได้เช่นกัน และหน้า คำว่า **sondern** ต้องมี เครื่องหมาย ,
(Komma เสมอ) รวมถึงคำเชื่อมตัวอื่นๆจะมีตัว , อยู่ข้างหน้า เสมอ ยกเว้น คำว่า **und** กับ **oder** ที่ไม่มี (จาก
ที่สังเกตเอง)

z. B. Er arbeite kaum, sondern er spricht zu viel. (เขาแทบจะไม่ทำงานเลยแต่พูดมาก)

กลุ่มที่ 2

weil เพราะว่า

2.1. Ich kann nicht zur Schule gehen, weil ich **krank** bin. (ฉันไม่สามารถไปโรงเรียนได้เพราะว่าฉันป่วย)

bis จนกระทั่ง

2.2 Ich **warte auf** dich, bis du nach Hause kommst. (ฉันรอคุณจนกระทั่งคุณจะกลับบ้าน)

da เนื่องจากว่า, เพราะว่า

2.3 Da ich kein Auto habe, kann ich dich nicht **abholen**. (เพราะว่าฉันไม่มีรถฉันจึงมารับคุณไม่ได้)

damit ดังนั้น , ว่า, เพื่อที่จะ, เพื่อ

dass นั้น , ว่าอย่างนั้น

2.4. Ich denke, dass du **schön** für mich bist. (ฉันคิดว่าคุณสวยสำหรับฉัน)

ob หรือไม่

2.5. **Weißt du**, ob er zu Hause ist. (คุณรู้ไหม ว่าเขาอยู่บ้านหรือไม่)

obwohl ถึงแม้ว่า..ก็ตาม

2.6. Obwohl er kein Geld hat, **trotzdem** kauft er immer teure Sachen.

(ถึงแม้ว่าเขาจะไม่มีเงินก็ตาม **แต่ยังไง**เขาก็ซื้อแต่ของแพงๆ)